C97

995

Par le hublot de la nuit

Yvan Boudreault

Par le hublot de la nuit

**avec la collaboration de
Micheline Simard**

SOUS
LA DIRECTION
DE
RENÉ BONENFANT

Page couverture:
— conception graphique: Martin Dufour
— photographie: Maurice Blouin

Typographie: Jacques Filiatrault Inc.

©1980 Les Éditions Héritage Inc.
Tous droits réservés

Dépôts légaux: 4e trimestre 1980
Bibliothèque nationale du Québec
Bibliothèque nationale du Canada

ISBN: 0-7773-5421-7   Imprimé au Canada

Si vous désirez recevoir la liste de nos plus récentes publications, veuillez écrire à:

LES ÉDITIONS HÉRITAGE INC.
300, Arran, Saint-Lambert, Qué. J4R 1K5
(514) 672-6710

Il y a deux sortes de temps,
Il y a le temps qui attend et le temps qui espère.

Il y a deux sortes de gens,
Il y a les vivants et ceux qui sont en mer.

Jacques Brel, *L'Ostendaise*

N'eût été des témoignages des personnes qui m'ont suivi de près depuis 1962, ce livre n'aurait jamais constitué un récit autobiographique. Je remercie toutes ces personnes pour leur collaboration, comme je tiens à rendre un hommage plus spécial à un organisme comme la Croix-Rouge à qui je dois d'être encore vivant et de pouvoir raconter ce qui s'est passé, ce que j'ai vécu *par le hublot de la nuit*. Espoir de vie, horizon circonscrit de lumière que connaissent ceux qui souffrent, physiquement ou moralement, et à qui je dédie ce livre.

Y.B.

Préface

Témoigner d'événements qui ont entouré dix-huit années de maladie et de souffrances morales me semblait chose facile, tant il y avait à raconter! J'oubliais cependant les scènes trop cruelles qu'il ne sera jamais possible de décrire, parce que je n'ai pas les mots, pas le cœur...

Mais que sont des souvenirs à côté de ce que Yvan et ma sœur Suzanne ont tous deux vécu? Parce que l'accident de mon beau-frère dépasse un peu, je dirais même beaucoup, tout ce qu'un homme peut endurer dans une vie.

Quand on l'a vu comme je l'ai vu, comme plusieurs l'ont vu, marcher comme un boiteux, une jambe plus courte que l'autre, la peau de la cuisse droite soudée au mollet... le menton fondu sur le dessus de sa gorge... tout à fait difforme.

Yvan était difforme!

Voyez comme c'est difficile de dire ça de quelqu'un qu'on aime. Et, pourtant, je n'ai encore rien dit!!!

Ayant été témoin de toutes ces années, ayant eu à demeurer auprès de mon beau-frère dès les premières heures qui suivirent l'accident — puisque Suzanne était trop malade, elle-même, pour se rendre auprès de son mari —, je peux affirmer que, jamais, je ne l'ai entendu se plaindre. Tout au contraire, c'est lui qui mettait sur nos lèvres des mots d'espoir et de foi, essentiels pour supporter l'épreuve.

C'est Yvan qui nous aidait à passer au travers comme si, pour lui, il n'y avait pas de problème... Il souffrait horriblement, mais ne désespérait jamais.

Nous nous demandions souvent: comment fait-il pour parler d'avenir, sachant très bien que les médecins lui prodiguaient des soins comme s'il allait mourir... Ils ne comptaient pas avec sa force prodigieuse et sa volonté de fer; il leur paraissait impossible de le sauver.

Yvan ne voulait toutefois pas mourir. Il a lutté sans relâche pour rester en vie. Il a fourni toute l'énergie, tout le courage qu'un homme peut fournir. Et il a gagné.

Quand je le vois aujourd'hui, je pense encore que c'est incroyable... Mon beau-frère s'en va d'un pas léger, avec son allure de jeune homme, sa souplesse de marin...

Certes, ce ne sont plus ses traits, son visage d'il y a vingt ans, mais c'est toujours le même large sourire, les yeux bleus et les cheveux blonds frisés. De lui se dégagent une chaleur, un magnétisme auxquels personne n'échappe. Il est le seul, je crois, à l'ignorer.

Toutes ces années passées au seuil de la souffrance, que ce soit à l'hôpital ou dans son milieu de travail, ont permis à Yvan de développer une force intérieure, une foi inaltérable qu'il transmet aux malades auxquels il rend continuellement visite. C'est parce qu'il a connu la souffrance qu'aujourd'hui mon beau-frère soulage ceux qui souffrent. Il en détient la clef.

Quand on ne veut pas mourir, on peut supporter beaucoup. Je l'ai appris, quant à moi, au contact de mon beau-frère. *Par le hublot de la nuit,* les autres pourront aussi l'apprendre.

Rosanne Fortin

Chapitre 1

Des chansons percent le silence des eaux du Saguenay. Des notes, fausses à l'occasion mais bien gaies quand même, accompagnent le glissement du yacht que je gouverne. Certains touristes restent muets d'admiration devant l'immensité du paysage qui leur est offert. D'autres, épris d'air salin et le visage aspergé par des gouttelettes d'eau, font la fête sans plus de retenue.

À bord de l'*Azur*, c'est la détente, le défoulement.

Tout est permis pendant les douze heures que dure la croisière, du moment que la sécurité des passagers n'est pas compromise. C'est moi qui suis chargé, en tant que capitaine, de veiller au bon déroulement de la ballade. Ne suis-je pas le seul maître à bord de mon embarcation après Dieu?

Assisté par un mousse de seize ans, des plus dévoués, je trouve mon travail fort agréable sur le yacht. Marcel est intelligent et sérieux. Il veut faire de longues études; il veut aller loin dans la vie. Chez un jeune de cet âge, cette ambition me fait très plaisir. Peut-être parce que, moi-

15

même, j'aurais tant voulu poursuivre mes études. Sortir de l'Île-aux-Coudres où je suis né.

J'en suis sorti puisque je travaille sur le Saguenay pour toute la saison touristique. Je n'ai que vingt-cinq ans. La situation n'est pas désespérée. Tout ce que je sais, c'est qu'il n'y a qu'un travail sur l'eau pour me satisfaire.

Les deux hivers que j'ai passés à Québec pour suivre des cours à l'École de Marine ne m'ont jamais paru longs. Je voulais obtenir mon brevet de capitaine, j'étais prêt à faire ce qu'il fallait pour y parvenir. Même si on me disait souvent: «Tu vas passer tes classes pour rien; des capitaines, il y en déjà trop!» ça ne m'arrêtait pas.

J'aimais la vie sur l'eau et je gagnerais ma vie sur l'eau. D'ailleurs, j'ai montré, en ce sens, beaucoup de perspicacité en m'embarquant, dès l'âge de quatorze ans, sur des goélettes pour gagner ma vie, plus précisément sur le *TBE* que possédaient mes cousins.

Le métier souvent ingrat d'un mousse, je l'ai connu à fond de cale. Mais pour parvenir au haut de l'échelle, c'est encore vrai qu'il faut commencer au premier échelon.

C'est dur, c'est long. Mais c'est une école qui en vaut bien d'autres. Elle m'a, pour ma part, formé au travail et à la vie. Je taisais souvent ma révolte en trimant comme deux hommes même si je n'étais qu'un adolescent, mais mon obstination porterait fruit, un jour. J'en étais certain.

Blanchon par-ci, Blanchon par-là, il me fallait, à cette époque-là, suppléer à toutes les tâches sans dire un mot. Obéir aux ordres du capitaine et bien mesurer la chance que j'avais de pouvoir travailler sur un bateau. J'étais le blanchon sur l'Île comme sur l'eau. (On m'avait surnommé ainsi à cause de mes cheveux blonds frisés et de ma petite taille.)

Ce sont probablement ces pénibles années que je viens tout juste de quitter qui me rapprochent de Marcel. Je ne serais pas capable, maintenant que je suis capitaine, de le traiter durement, d'exiger de lui plus qu'il ne saurait donner. Quand quelqu'un fait son possible, il faut tout de même en convenir.

Le travail sur les *pines*[1] n'est pas comparable à celui sur un yacht de plaisance, c'est certain. Le cabotage et la croisière sont bien distincts, mais l'expérience est tout aussi variée et imprévisible.

Chaque semaine, l'*Azur* fait trois excursions : le samedi, le dimanche et le mercredi. Notre parcours est toujours le même. Départ du quai de Chicoutimi, sortie de la voie canalisée pour gagner les profondeurs surprenantes de la rivière Saguenay. Ensuite, direction vers Sainte-Rose-du-Nord, puis le cap Trinité où la Vierge-des-navigateurs, une statue de vingt-huit pieds de haut et pesant cinq tonnes, a été montée par pièces détachées sur le cran de la falaise. De son promontoire situé à une hauteur d'environ cent soixante pieds, elle éblouit les touristes par la douceur de son visage d'enfant et ses mains bien jointes. Des étoiles habilement ciselées ceignent son front. Entièrement blanche dans ce décor où abondent les conifères, la statue domine le paysage. Les oiseaux crient tout autour d'elle. L'eau noire frissonne à ras le cap. C'est exceptionnellement beau.

Ensuite, on passe devant l'Anse-Saint-Jean et on vire à Petit-Saguenay. Quelquefois, je me suis rendu jusqu'à Tadoussac, mais c'était exceptionnel. Bien que les trajets soient semblables, il n'y a pas moyen de trouver les voyages monotones ; les passagers constituent l'élément imprévisible de l'excursion. Des gens de tous les milieux et de toutes les races défilent à bord de l'*Azur*. Chaque groupe, variant entre trente-cinq et quarante personnes, crée une atmosphère qui lui est propre.

Avant de quitter le quai, le propriétaire de l'*Azur* me remet la liste des passagers et m'informe de leurs désirs. Le

[1] *Pines* : goélettes

17

client doit obtenir satisfaction. Commerce sur l'eau ou sur terre, c'est la même loi. Aussi dois-je en tenir compte dans la mesure du possible.

Je dois ravitailler le yacht en boissons si on en exprime le souhait. Quand le point d'ivresse est atteint, certains passagers doivent être surveillés, mais sans que j'aie à me prévaloir de mon autorité, exception faite de ce grand gars de plus de six pieds qui était, l'autre jour, passablement éméché. Il patinait sur le pont ciré. C'était très dangereux : il risquait de passer par-dessus bord.

Je le saisis par les épaules, moi qui ne mesure que cinq pieds huit pouces, et lui ordonnai de s'asseoir sagement.

— T'es pas assez gros pour m'arrêter, me lança-t-il fièrement.
— Assieds-toi tranquille, répétai-je sans me laisser intimider. T'es trop chaud pour comprendre, tu comprendras plus tard !

L'individu fit mine de se relever.

— Tu restes assis ou tu te retrouves à l'hôpital, articulai-je en sortant mon pistolet de ma poche. Il est chargé et prêt à tirer.

C'est l'ultime menace. Je n'y ai recours qu'en désespoir de cause. En voyant l'arme pointée sur lui, le type se dégrisa aussitôt et se conforma aux ordres que je lui donnai. Il ne reprit pas un seul verre de tout le reste du voyage.

Lorsqu'il débarqua le soir, il me serra la main à mon grand étonnement.

— T'es le premier homme, me confia-t-il, qui peut se vanter de m'avoir fait arrêter de boire.

Il avait compris. J'avais eu raison de faire ce que j'avais fait, mais c'est dans la poche de mon veston que je préfère trouver le pistolet plutôt que dans ma main. Je n'aime pas la violence. D'ailleurs — et c'est heureux —, la boisson à bord de l'*Azur* est, le plus souvent, sujet de plaisanterie.

Depuis que je travaille sur le yacht, j'ai pour principe de me joindre au groupe et de rire avec les passagers. C'est tellement plus agréable. Le climat qui règne en général est sûrement très particulier parce que la popularité du somptueux *Azur* s'accroît de jour en jour. C'est rendu qu'au moment où j'accoste au quai, vers les neuf ou dix heures du soir, il y a plus de personnes qui attendent le yacht qu'il ne s'en trouve pour voir un bateau du Canada Steamship Lines entrer à Chicoutimi!

Le jeune capitaine de l'*Azur* semble plaire beaucoup à la clientèle par sa bonne humeur, ses plaisanteries, son sourire... Je ne suis plus capable de me promener dans la région sans être reconnu. Si je mets les pieds dans un magasin du Lac-Saint-Jean, il se trouve toujours une employée pour sortir de derrière son comptoir et me sauter au cou: «Mon petit capitaine...» Ça devient inquiétant.

Pour être bien franc, ça me fait un petit velours.

Je sais bien que le costume impressionne les jeunes filles, mais je n'y peux rien. Je me sens tellement à l'aise dans mes souliers blancs, mes pantalons blancs, ma chemise blanche — le col ouvert, bien sûr, car les cravates m'incommodent. Le veston noir, ajusté à la taille, est rehaussé de gallons dorés qui distinguent le capitaine; il me sied à merveille. C'est une tenue très confortable, bien qu'officielle.

C'est tout de même la première fois de ma vie que j'ai le droit de porter un aussi beau costume. Comment ne pas me sentir un peu fier de ce qui m'arrive? Même la casquette est splendide, elle comporte trois doublures que je n'ai qu'à enlever pour la faire laver. Je la porte sur le derrière de la tête, laissant mes mèches blondes et frisées la parer. L'habit ne fait pas le moine, mais, dans mon costume, je me sens capitaine. Et ça me fait plaisir.

Pour accompagner l'image du personnage que je représente, je mâchonne, comme il se doit, un cigare. Sans l'allumer, toutefois, puisque je ne fume pas. Il me semble que ça complète bien l'uniforme. Ainsi, je suis devenu une sorte d'Elvis Presley régional. Les jeunes filles, que je ne reconnais pas pour la plupart, reviennent plusieurs fois à bord du yacht. Certaines, plus perspicaces, me harcèlent au téléphone (sur l'*Azur*, j'ai aussi ce service) et me demandent de sortir avec elles.

Déclarations par-dessus déclarations, même si je refuse. L'une d'elles, aussi riche que jolie, s'obstine à vouloir me charmer.

— Je veux juste me promener en auto, insiste-t-elle, un soir, au bout du fil.
— Non, ça ne me tente pas; de plus, je n'ai pas d'auto.
— Ça, ce n'est pas un problème, réplique-t-elle d'un ton enchanté.

Vers les sept heures, une décapotable blanche se profile au bout du quai, suivie d'une seconde voiture. Un taxi, vraisemblablement. Aucune excursion n'étant prévue en soirée, je m'explique mal l'arrivée de ces personnes.

La première voiture se stationne près de l'embarcadère. À l'avant, à gauche, je reconnais ma belle au bois dormant... La dame plus âgée qui est au volant — la mère sans doute — descend de l'auto et me crie:

— L'auto est à ta disposition. Le plein est fait. Tu rentreras quand tu voudras.

Ce disant, elle sort un billet de vingt dollars de son sac à main et le laisse sur la banquette. Elle se glisse dans le taxi et disparaît sans plus attendre.

20

Je me sens tout à fait déboussolé. Comment me sortir de l'impasse? C'est une vraie trappe à souris.

La fille, toute bien coiffée et bien habillée, m'attend dans l'auto en souriant. Je suis bien obligé d'aller faire un tour avec elle, même si ce n'est que pour la reconduire à domicile. Le tour d'auto de «mademoiselle» ne sera, par conséquent, pas bien long. Et les vingt dollars de «maman» ne serviront pas. C'est certain pour ma part.

Beauté et richesse ne me coinceront pas. Jamais je n'aurai d'autres maîtresses que la liberté et l'indépendance. Aucune astuce ne sera assez bonne pour me les faire oublier. On ne s'amourache pas d'une fille parce que ses bijoux proclament son état de fortune. Ce serait trop peu durable.

Sur l'*Azur*, j'ai une réputation à conserver. Ça m'oblige à garder mes distances avec la clientèle, mais, plus encore, j'ai un engagement à respecter envers une jeune rousse de l'Anse-Saint-Jean qui est devenue ma femme, le vingt-huit juillet dernier. Ce n'est pas une simple toquade qui pourrait me faire perdre le gros lot que j'ai gagné depuis que je connais Suzanne.

J'étais loin de me figurer ça, quand un copain, Jacques Fortin, me présenta sa sœur qui était alors au bras de son prétendant. Pour moi, cet instant avait été un coup de foudre. J'avais juré à Jacques avant de le quitter:

— Avant longtemps, je sortirai avec ta sœur.

Le défi l'avait fait sourire.

— On verra bien, me lança-t-il, Suzanne ne manque pas de cavaliers.

Je laissai les événements suivre leur cours. Je ne suis pas de ceux qui forcent inopinément la mesure. Il faut être confiant. Après la saison de navigation, je regagnai l'Île-

21

aux-Coudres et m'y installai pour l'hiver, comme le font tous les navigateurs.

* * *

L'hiver, c'est une période de repos. Les hommes s'occupent ici et là à de menus travaux, comme la menuiserie que m'enseigna mon oncle Théodore. Je fabrique des coffres de cèdre que je vends pour gagner un peu d'argent durant cette période de chômage. Ainsi, le temps passe plus vite.

Les routes de l'Île, qui ne sont pas entretenues comme dans une ville, sont fermées dès la première tempête. Les gens se déplacent alors dans un véhicule monté sur chenilles, une sorte de chasse-neige qui peut — en foulant — transporter une quarantaine de passagers. C'est le taxi de l'Île. Nous en avons un à la maison. C'est très amusant de conduire ces véhicules blindés.

L'Île est encore plus isolée parce que le traversier qui la relie à Saint-Joseph-de-la-Rive durant les autres mois de l'année interrompt, lui aussi, son service en raison des glaces sur le fleuve. L'hélicoptère reste ainsi le seul moyen de transport.

Il y a de quoi se sentir retranché de la vie d'un pays! Ça explique peut-être pourquoi les insulaires sont différents de ceux qui vivent dans les grandes villes. Très tôt, ils doivent apprendre à se suffire à eux-mêmes, à se défendre avec ce qu'ils ont à leur portée. Les habitants d'une île sont très autonomes. Ils forment, à leur manière, un pays, un gouvernement. Malgré quelques chicanes à l'intérieur de certains clans familiaux — normales dans une si petite population —, les insulaires partagent leurs deuils et leurs joies. Parce qu'ils connaissent le prix du labeur, ils savent qu'il est nécessaire de se distraire. Ils aiment s'amuser. Ce sont de bons vivants.

* * *

Au cours de l'hiver 1959, il y avait, chaque semaine, des soirées de danse organisées dans la salle paroissiale et qui commençaient toujours par un encan afin de recueillir des fonds pour la fabrique ou pour une œuvre de bienfaisance. Comme c'était la seule distraction, tous les jeunes se retrouvaient au même endroit. Il fallait bien profiter du peu qui était organisé.

Après les Fêtes, j'appris que Rosaire Tremblay avait de la visite qui venait d'arriver. (Sur l'Île, évidemment, les manchettes qui font l'actualité ne sont pas de l'ordre des tremblements de terre; on suit les allées et venues des étrangers, des habitants...) Le capitaine Rosaire est bien connu à l'Île puisqu'il y est né. Il a épousé Rosanne Fortin, de l'Anse-Saint-Jean, la sœur de Jacques et de Suzanne. La nouvelle, par conséquent, m'intéressait particulièrement.

— C'est une des sœurs de sa femme qui est arrivée, me dit un cousin.
— Laquelle est-ce? demandai-je sans trop montrer ma curiosité. La rousse ou la brune?
— La rousse.
— C'est bien correct, ajoutai-je négligemment. Je la connais. C'est Suzanne.

Je ne laissai rien voir de mon émotion, mais, en dedans de moi, il y avait du bouleversement. Je décidai de planifier une rencontre «fortuite» avec la jeune invitée des Tremblay.

Il me fallait aller voir ça de plus près.

23

Le mardi, soir de l'encan, j'étais évidemment chauffeur de taxi. Je me disais que Suzanne viendrait bien faire un tour à la salle paroissiale.

Quand je jetai un coup d'œil dans la salle, histoire de voir qui était arrivé, je reconnus la jeune fille sans hésitation. Même si je ne l'avais vue qu'une seule fois, je n'aurais pas pu me tromper.

Je m'approchai de la table où elle était assise, entourée d'un groupe de jeunes de l'Île que je connaissais bien. L'abordage s'en trouva facilité d'autant.

Suzanne me salua avec beaucoup de gentillesse. La conversation allait bon train autour de la table. Je m'y joignis. Au moment de la danse, nous nous retrouvâmes seuls tous les deux, nos amis s'étant lancés gaiement sur la piste.

— Tu as une cravate noire, remarqua Suzanne. Serais-tu en deuil?
— Mon frère s'est noyé au printemps dernier. Tu as perdu un de tes frères, je pense, toi aussi?
— Oui... à l'automne... Ça m'a fait beaucoup de peine. C'est pour ça que Rosanne m'a invitée à passer quelques jours à l'Île. J'avais besoin de me changer les idées.

Comme nous portions le deuil tous les deux, nous n'avions pas le droit de danser, suivant la coutume. Mais la conversation était bien lancée et je n'avais pas la moindre envie que les danseurs reviennent à la table. L'intimité dont je profitais avec Suzanne valait bien toutes les danses.

— On va regarder danser un moment, me proposa ma compagne, et après, si tu veux, on s'en ira prendre un café chez Rosanne.

J'étais bien d'accord. Tout ce que Suzanne pouvait me proposer me convenait parfaitement. On se rendit chez

Rosanne un peu plus tard. On parla beaucoup. Ce fut le début de nos amours.

* * *

Ça fait déjà plus de trois ans.

Depuis notre mariage, nous demeurons à l'Anse-Saint-Jean, chez les parents de Suzanne qui nous ont offert de partager leur maison jusqu'à ce que je me sois trouvé un emploi stable. Ce n'est qu'une situation temporaire, mais, pour le moment, elle est fort satisfaisante.

Jusqu'à l'automne, je reste à bord du yacht. Ma cabine est plus luxueuse que n'importe quel appartement. Suzanne vient y passer une ou deux nuits par semaine. Je me sens très heureux comme ça.

Ma femme n'apprécie cependant pas toujours les avances des jeunes passagères qui, bien que je sois marié, continuent de me harceler. La présence de Suzanne dans ma cabine ne les intimide pas.

Pour avoir la paix, il m'arrive souvent de jeter l'ancre dans une petite anse, en face du cap Trinité, et de sauter à l'eau (avec une ceinture de sauvetage, puisque je ne sais pas nager). Je gagne alors la rive et m'étends quelques heures, seul, sur la grève.

Un bon jour, j'aperçois une jeune fille qui se dirige à la nage vers mon repère. Vraisemblablement, elle aussi s'est évadée de l'*Azur*...

— Où vas-tu? Tu n'as pas le droit de débarquer.
— Je suis venue te trouver.
— Pourquoi?

25

Ma naïveté est feinte. Évidemment, je connais ses raisons. Ses gestes gracieux et câlins sont plus éloquents que ses paroles. Je remets ma ceinture de sauvetage et déguerpis illico à la nage, abandonnant la jolie dame sur le sable fin et chaud du rivage.

Je suis trop méfiant pour me laisser aborder comme ça. Sait-on jamais quel tour on nous joue !

* * *

Vers le début de septembre, je reçois un appel de l'Anse-Saint-Jean. Suzanne me dit qu'elle a une excellente nouvelle à m'apprendre.

— Quand tu le pourras, viens me voir. Je te le dirai.
— C'est pour mon travail ? m'empressé-je de lui demander, plein d'espoir.
— Tu ne peux pas t'en douter. N'essaie pas de deviner.

Un jeune marié a-t-il des ailes ? Ou des roues quand c'est nécessaire ? Quant à moi, j'ai les deux car je m'envolerai dans une voiture prêtée par un ami.

L'Anse-Saint-Jean est un village d'une beauté exceptionnelle, situé à une cinquantaine de milles de Chicoutimi. Moins d'une heure de route. Je fais l'aller et retour en un temps record. Je viens de décrocher un rayon de soleil et me le suis collé sur le cœur : Suzanne est enceinte !

Ma femme attend un bébé !!!

Cela n'a évidemment rien d'extraordinaire ou de surnaturel, mais le fait de devenir père revêt, pour moi, une signification bien particulière. Je pourrai être, pour un enfant, cette présence qui m'a tant manqué. Je serai celui que j'ai perdu à sept ans et que je n'ai jamais réussi à oublier. Un père...

Fernand, mon frère, a satisfait dans une certaine mesure le besoin que j'avais de mon père, mais n'a pu comblé le vide que la mort de celui-ci a laissé en moi. Je l'aimais démesurément. Ce fut une perte incommensurable.

* * *

Je faisais de longues promenades avec mon père, dans les champs, juché sur ses épaules. Là-haut, j'étais le plus grand et le plus fort de l'Île. Après les repas, quand il faisait sa sieste, je venais me glisser sur sa poitrine. Je me laissais bercer par sa respiration. Mon père qui respirait sur mes tempes, c'était la mer qui me louvoyait; j'avais l'impression d'être un bateau.

La présence de mon père me comblait. Je n'avais plus besoin de rien quand il était là. Je le regardais continuellement, je suivais tous ses mouvements. Lorsqu'il partait au printemps pour travailler comme débardeur à Montréal, je commençais à m'ennuyer. Ça durait jusqu'à son retour, à l'automne.

Il est mort d'avoir trop travaillé, prématurément, comme mouraient beaucoup d'hommes de sa trempe. Il n'avait que quarante-trois ans.

Je n'ai jamais accepté sa mort. Mes sept ans, mon âge de raison ne purent supporter cette perte totale d'identité. Je ne serais plus jamais le plus grand...

Ce fut la dépression. Mes pleurs, mes cris n'eurent pas raison de mon désespoir. Je cherchais mon père. J'avais besoin de celui que j'aimais. Qu'on m'avait enlevé.

Il n'était plus dans la maison, ni dans la cour, ni dans les champs...

Je ne fus pas capable de reprendre le cours normal de l'existence comme mes autres frères et sœurs. Je voyais ma mère, avec son gros ventre — elle était enceinte de six mois —, qui montrait une force et un courage exemplaires, mais je ne réussissais pas à faire comme elle.

Ma grand-mère vint passer une partie de l'hiver à la maison. Sa fille avait neuf bouches à nourrir et était seule pour voir à tout. C'était une lourde responsabilité. Ma grand-mère fit l'impossible pour l'aider.

Ce qu'elle a dû en passer des heures difficiles, ma mère! Tandis que moi... je persistais dans mon mutisme; j'étais l'enfant le plus mélancolique et le plus taciturne qu'on puisse imaginer.

Après les Fêtes, comme mon état ne s'améliorait pas, ma grand-mère m'emmena avec elle chez son fils Abel où elle habitait. La compagnie de mes cousins et de mes cousines changea momentanément mon humeur. Ma tristesse s'effaçait. J'étais très bien avec eux. Je me sentais accepté par tous et mon oncle m'offrait son affection comme si j'étais l'un de ses fils. Ça me faisait du bien.

Après deux mois, croyant que je pourrais recommencer l'école comme avant, je retournai chez ma mère et tentai de me réadapter au climat familial. Ce fut à nouveau un échec. J'étais devenu un étranger parmi les miens. J'étais persuadé que, dorénavant, il n'y avait plus de place pour moi dans cette maison où j'étais né. Ma mère en avait déjà plus que ce qu'on pouvait demander à une femme. Ma présence était un poids supplémentaire pour elle. Et le dernier-né de la famille demandait beaucoup d'attention, celle dont j'aurais eu besoin.

Je m'isolai à nouveau dans ma peine.

Théodore — doublement mon oncle pour s'être marié en premières noces avec la sœur de ma mère et pour avoir épousé, après le décès de celle-ci, une autre de ses sœurs — m'invita à passer une fin de semaine chez lui.

Il était capitaine et travaillait sur des *pines*, avec ses neveux âgés d'une vingtaine d'années. Ce monde de la navigation me séduisit, d'autant plus que mon oncle m'accordait une attention très chaleureuse. Il me semblait retrouver la douceur et la chaleur de mon père.

À l'été, mon oncle proposa à ma mère de m'emmener chez lui pour un certain temps. Ce n'est jamais facile pour une mère de se séparer d'un de ses enfants. Qu'elle n'en ait qu'un ou qu'elle en ait neuf, la peine est semblable.

J'étais trop jeune pour le réaliser. Dans ma tête d'enfant, je croyais que mon départ soulagerait ma mère. Que ça lui enlèverait un souci. De toute manière, dans mon cœur, c'était le trou noir.

Ma mère me laissa partir, dans l'espoir que je trouverais chez mon oncle l'affection dont j'avais tant besoin. Elle a dû me suivre de loin, jusqu'au quai, mais je n'en ai rien su. Je m'accommodai de mon nouveau foyer, tout en étouffant cette impression d'étrangeté qui persistait.

Après m'être installé définitivement chez mon oncle Théodore, je retournai, à l'occasion, rendre visite à ma mère mais, chaque fois, j'en revenais plus étranger encore.

Je passai le reste de mon enfance à me sentir à l'étroit dans ma peau.

J'aurais voulu être ailleurs. Mais où?

Plus je vieillissais, plus je me sentais de trop dans la maison qui avait accepté de me loger et de me nourrir.

29

Tout se passait en moi. Je n'en soufflais mot à personne.

Je me fabriquais une espèce de carapace qui, jour après jour, se durcissait. Ma sensibilité meurtrie était devenue de la susceptibilité. Ce qu'on me disait, reproches ou non, me semblait toujours une attaque personnelle.

J'exécutais tout ce qu'on me demandait, sans maugréer. Je faisais toutes les courses qu'il fallait; ce n'était pas le moment d'exprimer le fond de ma pensée. Néanmoins, ma détermination se renforçait. Un jour, je serais à nouveau grand et fort. Je ne dépendrais plus de personne. J'acquerrais mon indépendance, mon autonomie.

À quatorze ans, je demandai à ma famille d'adoption la permission de poursuivre mes études secondaires à Baie-Saint-Paul, mais tout le monde était d'avis que ce serait de l'argent gaspillé; je me pliai à cette décision et commençai à suivre le cycle des hommes de la maison: naviguer pour gagner sa vie.

Il faut être né dans un coin de terre où la navigation est le premier gagne-pain des habitants pour savoir ce que ça veut dire dans la tête d'un jeune garçon, s'embarquer... Pour devenir un homme, il me fallait naviguer et démontrer que j'étais capable de faire ce travail. C'était une question d'honneur.

Comme le fait de devenir père.

* * *

Depuis que je sais cette bonne nouvelle, les semaines passent sans que je m'en rende compte. Je vais voir Suzanne aussi souvent que je le peux, parce qu'elle a un début de grossesse un peu difficile. Je m'en inquiète, mais mon humeur reste plus enjouée que jamais.

À bord de l'*Azur*, porteur de mon rayon de soleil, je suis le plus heureux des capitaines.

En ce début d'automne, plutôt frisquet, ce sont des gens de la «haute gomme» qui font l'excursion du jour.

— Je vous en prie, capitaine, supplie une dame portant une étole de vison. Aidez-moi à monter à bord.

Elle semble effrayée à l'idée de devoir franchir la passerelle.

— Hé! le mousse, crie une autre, donne-moi la main...

Marcel et moi, nous nous exécutons avec courtoisie, entrevoyant toutefois une journée plutôt monotone. Les dames semblent charmantes, mais elles ont tellement à faire pour maintenir leur fourrure ou leur chapeau à plumes qu'elles risquent de tomber à l'eau. Nous devons les surveiller sans relâche!

— La journée va être plate! dis-je tout bas à l'oreille de Marcel qui acquiesce. Mieux vaut nous faire à cette idée tout de suite.

Les amarres larguées, l'*Azur* quitte le quai. Dès le début de l'après-midi, l'excursion prend une allure que ni Marcel ni moi n'aurions pu prévoir.

Les madames «pincées» du matin ont lâché leurs pincettes!

C'est la foire! La vraie foire!

Les fourrures traînent ici et là, sur le pont, sur les bancs. Les chapeaux sont écrasés et il y en a partout. Dans tous les coins du yacht, ça vomit!

J'entreprends de nettoyer le plancher avec tout ce qui me tombe sous la main, y compris les étoles de vison. Les dame de «la haute» ont, de toute évidence, oublié leurs bonnes manières : elles se sont toutes déshabillées. Il y a de la chair et des vêtements dans tous les recoins de l'*Azur*.

En tant que spectateurs, nous en avons pour notre argent !

— Qu'est-ce qu'on va faire avec ça ? dis-je en ricanant à mon mousse qui semble bien embêté pour me répondre.

Après avoir accosté, nous nous résignons à les rhabiller tant bien que mal et à les hisser sur le quai, pendant que les maris continuent de ronfler.

Pour ne blesser personne, nous accomplissons la corvée du bout des doigts, car il y a toujours le lendemain de la veille...

Après leur départ, en procédant comme d'habitude au nettoyage du yacht, nous ramassons tout ce qui traîne afin de ne laisser aucune trace de cette excursion. Cette fois-ci, le sac à poubelle qui porte l'étiquette «objets perdus» se remplit d'un nombre étonnant de petites culottes et de soutiens-gorge... Chaque excursion est vraiment unique !

Quant à Marcel et à moi, nous aurons appris, au cours de notre journée, à ne plus nous fier à notre première intuition.

Chapitre 2

C'est déjà le six octobre. La saison touristique s'achève. Ce samedi-ci, je suis en congé et je descends voir Suzanne à l'Anse-Saint-Jean sur un petit yacht prêté par un ami. J'ai demandé à mon mousse de m'accompagner. Le voyage s'en trouvera plus agréable, surtout que la journée s'annonce exceptionnellement chaude et belle.

Comme le jour de mon mariage. Comme le jour de ma naissance, m'a toujours raconté ma mère. Le soleil, c'est mon gage de bonheur. C'est mon ivresse. La nature a tellement l'air en bonne santé quand il fait soleil. Ça ne peut manquer de déteindre sur nous. Alors, tout nous semble plus facile, plus intéressant.

À six heures trente précises, je suis à bord du yacht. J'ai promis à Suzanne d'être auprès d'elle au début de la matinée. Dans trois heures tout au plus, je serai à l'Anse-Saint-Jean.

Le pont de Chicoutimi miroite dans le Saguenay. La ville n'est pas encore sortie de son sommeil. C'est un silence religieux qui enveloppe le port.

Quand on surprend un tel moment de splendeur, on se sent privilégié. On souhaiterait que tout le monde voit et sente la même chose. On aimerait partager.

Marcel est aux amarres, sur le quai. J'insère la clef pour le contact.

— O.K. On est prêt ! crié-je de l'intérieur de la cabine.

Au même instant, tout explose. Vingt-cinq tonnes de dynamite ! Deux réservoirs de gaz propane !

Ça se fait tellement vite... Je n'ai pas le temps de me sauver. Je me retrouve en plein cœur des flammes.

Je tente instinctivement de protéger mes yeux de mes mains, mais le feu s'empare de mon corps avec rage. Le poil de mes bras s'enflamme comme de l'écorce. Tous mes vêtements brûlent.

La graisse de mon corps fond. Je suis, ni plus ni moins, une torche de chair et d'os. J'ai beau faire une quinzaine de pas dans un sens ou dans l'autre, il n'y a pas moyen d'échapper à cette fournaise. Tout le yacht est un brasier.

Ma jambe droite ne m'obéit plus. Elle est molle et s'étire de plus en plus.

Même si je ne sais pas nager, je me jette dans trente-cinq pieds d'eau, dans l'espoir de m'éteindre !

Vainement. Le feu me poursuit.

Je coule à pic, puis remonte à la surface, le temps d'apercevoir Marcel sur le quai, immobile, médusé. Je m'enfonce de nouveau. Mon corps se gonfle comme celui d'un noyé. Je refais surface.

Il n'y a pas d'échelle pour grimper sur le quai. Tout juste un câble d'acier qui retient le yacht à la passerelle.

Je ne sais trop par quelle énergie je parviens à me propulser et à attraper le câble... Le refus de mourir? Peut-être. En tout cas, je réussis à m'y accrocher.

— Donne-moi la main, Marcel! lui crié-je pour le sortir de sa stupéfaction.

Marcel me tend la main et je parviens avec son aide jusqu'au quai flottant. Encore soixante-cinq pieds à parcourir avant de gagner la passerelle d'une longueur de quelque quatre-vingt-dix pieds et de me retrouver sur la terre ferme où une foule de personnes est accourue, malgré l'heure matinale, en entendant l'explosion.

Un véritable chemin de croix...

Un homme s'avance à ma rencontre et m'offre de me conduire à l'hôpital.

— Monte avec moi, me dit-il. Ce sera moins long que d'attendre l'ambulance.

Ma peau se détache de mon corps. Mes mains se décomposent; mes ongles sont arrachés. Une seule jambe soutient le double de mon poids habituel. Je suis gonflé comme un ballon.

Ce doit être un beau tableau! Un noyé brûlé jusqu'à la moelle des os, qui saigne abondamment et dont le corps ruisselle d'une eau couleur de suie...

Bien conscient de mon état, je demande à mon bon Samaritain s'il a une couverture pour mettre sous moi, car l'idée de salir sa voiture me gêne beaucoup.

Il en a une. Tout est parfait ainsi.

Je me glisse à l'arrière de la voiture et m'assieds sur la couverture de laine. Une brosse d'acier aurait probablement provoqué la même douleur.

On prend la direction de l'Hôtel-Dieu de Chicoutimi à vive allure.

— Est-ce que ça chauffe beaucoup? me demande mon ambulancier providentiel.

Si ça chauffe? Comment pourrait-il en être autrement?

— Plus vite on sera à l'hôpital, mieux ce sera!

Ma voix est faible, sans écho. Parler ne fait qu'augmenter ma douleur.

Mon regard cherche le rétroviseur. Je m'aperçois difficilement. Une fraction de seconde forcée à travers des paupières qui me font très mal. Juste ce qu'il faut pour savoir à quoi je ressemble.

Une bûche calcinée qui traîne, à marée basse, sur les grèves...

À mon arrivée à l'urgence, c'est le branle-bas général. Presque une alerte à la bombe. On vient à tour de rôle me regarder, puis on se sauve, affolé.

— C'est pas un blanc, ce type-là, c'est un noir. Il ne s'en sortira jamais.

C'est rassurant à entendre!

Deux internes me prodiguent les premiers soins. Comme des brûlures s'étendent sur tout mon corps, ils essaient de soigner les parties les plus atteintes. Ma peau trop calcinée ne leur permet pas d'affirmer avec précision la profondeur de mes brûlures.

— Quelle piqûre qu'on te donne? me demandent-ils. Pour soulager la douleur ou contre l'infection?

Je n'ai vraiment pas le choix. La douleur, ça ne s'évite pas quand on est brûlé comme je le suis; par contre, si l'infection peut être évitée, je ne m'en porterai que mieux. D'ailleurs, du fait d'être tombé dans une eau aussi polluée que celle du bassin, l'infection doit être plus que menaçante. Et comme je ne suis pas intéressé à mourir, je demande une piqûre contre l'infection, étouffant les soupirs de douleur qui cherchent à faire surface.

Les minutes paraissent longues quand on souffre et qu'on voit les gens s'agiter désespérément autour de soi. J'ai l'impression qu'ils perdent leur temps et je me sens pris dans le tourbillon d'un manège. Une personne enlève des lambeaux de peau, une autre désinfecte, une troisième fait des pansements. C'est étourdissant. Dès que je les surprends à hésiter, je m'impatiente.

— Apportez-moi les ciseaux, leur dis-je, en les voyant se demander quoi faire avec le bracelet de ma montre qui a fondu sur mon poignet. Il n'y a qu'à le couper sans plus attendre.

De ma main droite toute suintante, je coupe le bracelet de cuir. Mais les ciseaux restent collés dans ma paume. Il leur faut donc les détacher avec beaucoup de précaution, car tout le reste suit... Je les bouscule peut-être un peu, mais chaque seconde de réflexion me semble une éternité au creux de l'enfer. Je ne suis pas entièrement responsable de mon impulsivité. L'acuité de ma souffrance domine mon cerveau.

On fait l'inventaire de mes brûlures. Mes vêtements semblent avoir préservé mon torse et mon dos. C'est une chance. Mes pantalons détruits par le feu ne sont plus que des lambeaux retenus par ma ceinture de cuir qui, elle, est intacte, ainsi que ma poche arrière où se trouvait mon porte-monnaie avec la photo de Suzanne et une image du Sacré-Cœur. C'est tout à fait étonnant... Mes pieds aussi ont été protégés par mes grosses bottines de travail.

Après un premier examen, on déclare que mes fesses et ma jambe gauche sont brûlées au second degré. Le reste

— bras, mains, visage — l'est au troisième degré. Ma jambe droite est brûlée à 90% de sa capacité. Ça fait un bon compte!

Tout ce que je peux dire, c'est que ça brûle «en jériboire»! Partout, en dedans de moi! Comme si le feu continuait à faire rage...

— On est obligé de couper votre jonc, monsieur Boudreault, m'explique un médecin. On n'est pas capable de l'enlever et c'est nécessaire pour vous soigner.

Je proteste énergiquement:

— Il est béni! Vous ne le couperez pas.
— Nous savons bien, mais il le faut pour sauver votre doigt.
— Je vais l'arracher, moi, le jonc! Et sans le couper!
— Ne faites pas ça, implore-t-il, scandalisé. Le doigt va suivre.

Avec la violence du feu qui m'habite, je tire sur le jonc sans laisser sortir un cri. La peau et le sang suivent l'anneau, mais l'os tient bon.

On me panse ensuite la main. Mon jonc n'aura pas été coupé et je m'en réjouis. Pour moi, c'était vraiment important.

Une fois que je suis bien momifié, on me transporte aux soins intensifs. Une religieuse me suit depuis mon arrivée. Elle est très attentive et très délicate.

— Est-ce que vous voulez qu'on prévienne quelqu'un?
— Oui, ma mère... Suzanne, ma femme, à l'Anse-Saint-Jean. Elle m'attend... Et aussi mon frère, à l'Île-aux-Coudres. Je veux qu'il vienne me trouver. Je veux voir Fernand.

— Ne vous en faites pas. On va le rejoindre. On va aussi avertir votre épouse.

Je lui donne les deux numéros de téléphone dont elle aura besoin. Sœur Emmanuelle ne semble prêter qu'une oreille polie aux chiffres que j'articule péniblement. Elle croit, elle aussi, que je n'ai pas toute ma connaissance, que ma mémoire doit avoir explosé sous le choc.

— Mère, je ne suis pas fou. Faites vite. Composez les numéros que je vous ai donnés. Je veux voir ma femme avant de mourir.

Avant de mourir? Ça y est! On a réussi à me faire dire ce à quoi je ne crois nullement.

— Cet homme n'en a pas pour longtemps à vivre, mal en point comme il est, se confiaient, quelques instants plus tôt, les internes autour de moi, me croyant inconscient. Mais, même brûlé, j'étais tout yeux, tout oreilles.
— On va faire notre possible, mais la surface attaquée est trop considérable. Sa cervelle est défoncée... Il ne retrouvera jamais sa raison.

Sœur Emmanuelle a dû aussi être informée de ces constatations. Elle ne se fie pas à ma mémoire.

Pour un blessé cloué sur sa civière, ce n'est pas très réconfortant. Si Suzanne ou Fernand pouvaient arriver... Je ne connais personne, ici. Je suis seul et, en plus, on m'a isolé, à cause du risque d'infection, dans un lieu spécialement aménagé pour moi. Ce n'est pas une petite affaire que de soigner un brûlé!

À l'entrée de la chambre toute blanche, on a prévu une penderie pour les sarraus blancs et les masques que devra mettre chaque personne qui viendra me voir. Mon lit est dans un coin, ce qui permet de circuler plus facilement dans la pièce. Juste à côté de moi, il y a une longue table sur laquelle on a disposé de nombreux instruments et des tampons de gaze stérilisée.

Malgré tous les soins et le décor aseptisé, je me sens foncièrement mal. Le fait de me trouver isolé dans un tel lieu ne me procure pas grand enthousiasme. C'est l'insécurité la plus totale.

* * *

Rosanne est la première à se présenter aux soins intensifs. Elle se trouvait en visite chez sa mère à l'Anse-Saint-Jean quand l'hôpital a téléphoné. Comme Suzanne est alitée, son médecin ne lui a pas permis de se rendre à Chicoutimi. C'est pourquoi elle m'a envoyé sa sœur.

C'est en proie à une grande anxiété que Rosanne se dirige vers le poste des infirmières. Même si elle ne l'a pas confié à Suzanne, elle sait que mon état est grave. Elle est très inquiète.

— Je suis la belle-sœur de Yvan Boudreault, explique-t-elle à une infirmière. Je viens à la place de sa femme qui est enceinte et qui ne peut pas faire le voyage jusqu'à Chicoutimi. Je voudrais voir le brûlé...

Les derniers mots sont difficilement audibles. L'infirmière lui indique toutefois, sans plus de formalités, le lit du capitaine.

Rosanne se dirige lentement vers l'endroit indiqué. Une odeur de fumée la surprend, dès que la chambre est en vue. Elle s'approche jusqu'au seuil, quelques secondes seulement, le temps d'apercevoir un malade qu'elle ne reconnaît pas. Elle retourne sur ses pas en courant.

— Vous... vous êtes trompée, garde, articule-t-elle nerveusement. Mon beau-frère est un blond frisé avec de grands yeux bleus. Le monsieur que je viens de voir est un homme de couleur... c'est un noir... ce n'est pas Yvan.

L'infirmière tente de la calmer, tout en lui expliquant la situation :

— Après ce genre d'accident, c'est toujours dans cet état que le blessé se retrouve. Celui que vous avez vu est bien votre beau-frère, le capitaine Yvan Boudreault. Retournez le voir. Il est conscient. Vous pouvez lui dire quelques mots. Mais pas longtemps, pour ne pas le fatiguer.

À ces mots, Rosanne laisse aller le flot de ses larmes. Elle ne peut plus se contenir. Puis elle s'avance à nouveau vers la chambre.

Le brûlé est drapé de blanc, enfoui sous des cerceaux, probablement pour que le drap ne le touche pas. De gros pansements cachent ses mains et ses bras. Ses cheveux sont crépus et noirs ; le front est ouvert jusqu'à l'os. Tout son visage est enflé et suintant. Le menton est collé contre la gorge ; il n'y a plus de cou... les lèvres sont comme soudées... le nez, éclaté...

« Ce n'est pas possible que ce soit Yvan... », pense la jeune femme en s'immobilisant à côté de mon lit. Elle se sent toute étourdie.

— Yvan, commence-t-elle faiblement, Yvan... qu'est-ce que tu fais ici ?

J'ai entendu des pas se diriger vers moi. J'ai senti une présence près de ma tête. Malgré sa voix assourdie, je reconnais Rosanne sans hésiter.

— Rosanne ! Tu n'es pas à l'Île ?
— J'étais venue passer la fin de semaine chez maman.

41

Suzanne ne se sentait pas capable de faire le voyage. Elle m'a demandé de prendre sa place et de revenir vite lui porter des nouvelles.

Rosanne réussit stoïquement à surmonter son émoi. Connaissant sa grande sensibilité, je devine facilement ce qui doit se passer en elle.

— Ne t'en fais pas pour moi, Rosanne. Tu pourras rassurer ma femme. Ce ne sera pas long; je vais m'en sortir.

— Oui... tu as raison, Yvan. Avec la médecine d'aujourd'hui, tout est possible.

Les silences sont lourds dans une chambre comme celle-ci. Et les paroles fort peu utiles.

— Ça doit avoir été un gros coup pour Suzanne d'apprendre l'accident?

— Ne t'en fais pas avec ça! Son médecin est venu. Elle est bien soignée. Elle s'en remettra, tu vas voir.

Rosanne cherche à m'exprimer son affection, à me communiquer le réconfort de sa présence. Elle tente même de me taquiner.

— Veux-tu bien me dire quelle idée t'a pris de venir prendre des vacances à l'hôpital? Si tu sentais le besoin de te faire dorloter, il me semble qu'il y aurait eu d'autres endroits plus agréables.

Même si je ne peux le lui montrer, cela me fait du bien.

— Ça va aller, Rosanne...

Je voudrais bien lui parler davantage, mais ça m'épuise. Rosanne doit s'en rendre compte; elle me demande de ne plus dire un mot.

— Maintenant, sois gentil. Repose-toi. Je redescends à l'Anse-Saint-Jean tout de suite, pour voir ta femme. Je reviendrai passer la nuit avec toi. Pour demain, je me suis organisée avec Fernand, il va monter te trouver. Il va rester avec toi tout le temps. Et quand il ne pourra plus, on le remplacera. On ne te laissera pas seul, Yvan. On est avec toi.

Fernand sera là demain. Ça me rassure, mais, la souffrance l'emportant sur l'avenir, je n'ai plus de mots pour les autres, plus d'énergie pour observer ce qui se passe autour de moi. Je suis en-dessous de ce corps en cendres qui me fait horriblement souffrir.

Les minutes sont toujours aussi infernales.

Rosanne s'éloigne dans le couloir. J'entends ses pas. Son départ me fait mal. Je me sens abandonné. Elle a dit tantôt qu'on était avec moi, mais ce n'est plus vrai. Je suis seul, à nouveau, aux prises avec des inconnus, incapable de quelque mouvement que ce soit. Je sais que Rosanne a promis à Suzanne de revenir lui donner des nouvelles, qu'elle va revenir en soirée, mais elle m'a laissé seul...

Le feu recommence... les flammes... l'eau...

— De l'eau! Je veux de l'eau!

Je répète cette phrase des dizaines de fois. On refuse catégoriquement. Je n'ai pas le droit de boire.

— C'est défendu, vous le savez, monsieur Boudreault.

Défendu? Je m'en moque des défenses! J'ai soif! Le feu est sur mes lèvres, dans ma gorge, dans mon ventre!

Quand Rosanne revient, je tente ma chance de ce côté.

— Je veux de l'eau, Rosanne... juste une goutte.

43

Elle aussi me donne la même réponse; elle ne peut désobéir aux ordres du médecin. Mais ma soif continue à s'intensifier.

— Humectez-moi les lèvres... juste un peu, je vous en supplie...

Ma voix est faible, mais je me raccroche à ce filet de supplication comme à la vie. De l'eau pour survivre... «Si tu me donnes à boire, garde, j'te chante une p'tite chanson...» Elvis Presley n'aura pas plus droit que moi à une goutte d'eau. L'infirmière sourit, mais ne m'apporte pas à boire.

La nuit se passe difficilement. Rosanne n'est pas autorisée à demeurer dans ma chambre. Elle reste assise dans le corridor, près de la porte.

L'arrivée de Fernand, le dimanche après-midi, m'apaise quelque peu. J'ai tant confiance en lui. Mon frère restera avec moi pendant un mois. Je suis maintenant assuré de ne plus rester seul.

J'exige qu'il soit installé dans un fauteuil près de mon lit et qu'il n'en bouge pas. Je ne peux me passer de sa présence. Il me faut le sentir près de ma tête. Toujours.

Pour qu'il aille manger, je lui accorde cinq minutes. Pas davantage. La nuit comme le jour, je suis aussi intransigeant. Je refuse de souffrir seul. S'il incline la tête, je le réveille. Comme sur les goélettes quand on travaillait ensemble. On avait toujours les mêmes quarts. À l'hôpital, il faut que ça continue.

C'est plus fort que moi : le fait que Fernand s'active à côté de moi et qu'il parle me rassure. Un peu comme si son corps devenait le mien, comme si sa vie me garantissait la mienne. C'est incroyable comme la souffrance vous rend vulnérable... Tant que mon frère est là, tout va bien.

En début de soirée, la fièvre commence à me gagner. Le médecin s'inquiète. Je suis plus souffrant et plus agité qu'hier. Ma respiration se fait irrégulière.

J'étouffe.

Le contrecoup du choc... Après les premières vingt-quatre heures...

On recommence à s'affairer autour de moi. Pour m'aider à respirer puisque je suis trop enflé, le médecin parle d'une trachéotomie. Sœur Emmanuelle n'est pas d'accord :

— Attendons un peu, il souffre assez comme ça. Il sera toujours temps de le percer si ça devenait plus critique...

Le docteur Bergeron consent à retarder l'intervention ; toutefois, il s'entend avec l'hospitalière pour me faire donner les derniers sacrements. Médicalement, on s'évertue à me procurer les meilleurs soins ; spirituellement, on souhaite en faire autant.

Croient-ils que je veux mourir ? Il n'en est pas question !

Aux premières paroles de l'aumônier, je me rebiffe.

— Mon fils, tu dois te résigner à mourir. Tu dois t'abandonner. Ce que tu as vu, tu ne le verras plus, ce que tu as touché...

Non, mais vraiment ! Je ne suis pas un mourant. Je suis un vivant. C'est le sacrement des vivants qu'il me faut.

— Les portes du ciel sont ouvertes... Il faut que tu acceptes ta mort...

C'est le comble : Meurs ! Meurs ! Je n'ai pas envie de mourir, moi !

Alors je sens, subitement, l'eau bénite couler sur mon front. La goutte qui fait déborder le vase...

— Je ne suis pas encore mort, monsieur le curé, puis je ne suis pas prêt à mourir comme ça.

L'aumônier, effaré, commence à implorer Satan de sortir de mon corps. Mes yeux se fixent sur le crucifix en face du lit. Jésus sur la croix. Il y a bien d'autres personnes qui ont souffert avant moi. Je ne vois pas pourquoi je ne serais pas capable d'en supporter un peu... Surtout quand on a, bien clair en sa mémoire, un précédent à suivre comme celui de Jésus; cela suffit pour reprendre force et courage. Mourir crucifié, c'est pire que vivre brûlé. Car, moi, je vis encore.

Je regarde le bon prêtre et ajoute :

— Je ne partirai pas encore, ce coup-là. Ne vous en faites pas pour moi.

Sceptique, l'aumônier me dévisage, puis se résout à me laisser vivre.

Il a failli me faire mourir avec l'extrême-onction, le saint homme !

Depuis cette soirée, ma foi s'est raffermie. Je sais que je vais m'en sortir et que, pour cela, j'aurai à supporter bien des souffrances. Mais sans me plaindre, puisque cela n'y changerait rien. Tout ce qu'il me faut adopter comme règle de conduite, c'est le refus de mourir. Le reste s'organisera bien de lui-même.

Avec l'attention d'une infirmière comme Sœur Emmanuelle, c'est facile de tolérer les brûlures. Elle est si empressée et si dévouée. Elle se soucie réellement de ma santé. Je n'ai pas l'impression d'être une vulgaire feuille de dossier, un cas parmi des centaines. Quand elle s'occupe de moi, elle le fait personnellement.

— Je vais vous faire mal, monsieur Boudreault, me dit-elle, chaque fois qu'elle refait mes pansements.

— Pas d'excuses, mère, faites ce que vous devez. Je vais me plaindre juste si vous me laissez mourir.

Ma réponse est toujours prête.

— Souffrir, ça ne me fait rien. Je suis capable d'en prendre, vous le savez bien.

Sœur Emmanuelle sait à quoi s'en tenir. Ma détermination ne peut qu'être contagieuse. Il me semble que si on me voit m'entêter à guérir, on fera tout le nécessaire pour que ça réussisse. Et c'est ce qui importe pour moi.

Pour suivre de plus près l'évolution de ma santé, je demande au docteur Bergeron l'autorisation de me faire lire mon dossier, chaque jour, par un interne ou une infirmière. Sans trop comprendre, il accède à ma demande.

Mon objectif est fort simple : être informé régulièrement — et cliniquement — de ce qui se passe aux divers points de mon corps et ainsi pouvoir me concentrer sur l'endroit le plus endommagé. Par exemple, si ma jambe a quelque complication, je mobilise mon énergie sur elle, en esprit puisque je suis rivé au lit. Aide-toi et le ciel t'aidera ? Pourquoi pas ! C'est impossible qu'on n'ait, en soi, aucune force pour accélérer la cicatrisation, la régénération des tissus. À tort ou à raison, pour l'instant, je mise sur mon énergie cérébrale. Ça ne peut pas nuire.

Pour que la lecture du dossier médical me soit utile, mon système doit être infaillible. D'abord, il me faut comprendre ce qu'on me lira ; le jargon utilisé dans les dossiers est déprimant pour un illettré comme moi. De plus, il me faut m'assurer que ce qu'on me lit est exact et complet ; on pourrait tronquer le contenu sans que je m'en rende compte puisque mes yeux ne me permettent pas de le vérifier. Quoi faire ?

Je trouve rapidement la solution : l'infirmière de jour me lira le dossier de la nuit précédente, puis celle du soir me relira les mêmes pages. Comme ça, on ne pourra pas me leurrer. Je demanderai qu'on m'explique ce que je ne comprends pas. Ainsi, je saurai à quoi m'en tenir sur mon état physique. Tous les moyens sont bons pour s'instruire.

* * *

Un ophtalmologiste se présente, à la demande du docteur Bergeron, pour m'examiner.

— Tu as encore ton œil droit, mais l'œil gauche, on ne peut te le garantir. Il est sorti de la tête.

Ses propos ne me découragent pas. Je lui assure que mes deux yeux sont intacts et que ma vue reste parfaite.

— Ça fait comme s'il était là, m'explique le spécialiste, mais, en fait, il est vidé. Il te manque bel et bien un œil.
— Docteur, s'il me manque un œil, vous n'aurez qu'à boucher le trou ou à mettre un œil de verre. Ce n'est pas grave, ça. Ça ne m'empêchera pas de vivre.

Le spécialiste ne s'attendait pas à une telle réponse. Mais je suis si sûr, au fond de moi, de garder une vue normale que je me permets même de badiner. Quand on croit en quelque chose, c'est comme si on l'avait déjà obtenu.

Un incident semblable se produira lorsque le docteur Bergeron viendra refaire le pansement de mes oreilles.

— Il va perdre ses oreilles, laisse échapper une infirmière éplorée.

48

— Chut! intervient le médecin. Il ne faut pas qu'il comprenne.

Quand on se fait jouer dans les oreilles, il faudrait être sourd pour ne pas entendre! Je sais que j'ai une oreille totalement brûlée et que l'autre n'a plus qu'une partie, mais ce n'est pas tragique.

— Si elles sont brûlées, docteur, lui dis-je, ça ne m'empêche pas d'entendre clair!

Le médecin sursaute, redoutant ma réaction. J'ajoute:

— Au pis aller, vous pourriez me greffer des oreilles de cochon!

— Ça ne se greffe pas, reprend le docteur Bergeron, soulagé de ma plaisanterie.

— Alors, on les laissera de même. Le principal, c'est que j'entende bien.

— Pour ça, Yvan, il faudra que chaque matin, lorsqu'on vient te faire les pansements, tu t'assures qu'il ne reste pas une goutte de sang à l'intérieur de tes oreilles. Si ça colle en dedans, tu risques de devenir sourd.

— Ne vous en faites pas. Ça va bien aller de ce côté-là.

Et je le pense réellement.

Quand j'ai tous les éléments de ma guérison, il ne me reste plus qu'à les garder en tête et à les faire intervenir au bon moment. Je veillerai attentivement à ce que mes oreilles soient bien nettoyées. Le docteur Bergeron peut me faire confiance. Il découvrira bien ma perspicacité.

Parmi les traitements qu'on me fait subir, le lit «sandwich», un lit tournant en demi-cercle, est le seul que je ne suis pas du tout capable de supporter. Je refuse même qu'on m'y voit. Ni Fernand, ni Rosanne.

Même si on me dit que ce serait préférable pour moi et qu'ainsi on pourrait me changer de position sans toucher à

49

mes plaies, l'effort est trop grand. En serres entre deux matelas vissés, les bras tendus, le front appuyé sur une courroie de cuir pour soutenir ma tête, le souffle me manque. C'est insupportable.

Toutes les sept heures, on retourne le lit comme si j'étais un poulet embroché.

Un, deux, trois et on me fait tourner!

Le cœur aussi...

Voyant que je ne m'y adapte pas du tout, on me remet sur un lit muni d'appareils de traction. C'est pénible, mais tolérable. Fernand, d'ailleurs, me sert d'infirmier pour ces exercices. Avec lui, ça passe mieux.

Plusieurs fois par jour, on élève mes jambes attachées au câble. Le drap blanc se macule alors de sang, de pus et de chair. Après quelques minutes, on vient changer le lit et abaisser mes jambes qu'on maintient, cette fois, avec des sacs de sable pour les garder droites. C'est très agaçant de se faire manipuler ainsi...

En haut, en bas...

Sous les cerceaux installés au-dessus de mes membres inférieurs, une lampe dégage de la chaleur afin de brûler la mauvaise chair. « Il faut faire cuire ce qui n'est pas cuit », me dit-on quand je commence à trouver le temps de cuisson relativement long...

Parfois, je leur demande d'éteindre la lampe et de m'accorder quelque répit.

— Sortir le feu d'un corps avec le feu, c'est bien beau, mais ça brûle, du feu!

Et des brûlures, ça ne guérit pas du jour au lendemain. Même les calmants ne soulagent pas la douleur. J'en prends si on m'en donne, autrement j'attends. Je sais trop pertinemment le nombre incalculable d'opérations, de chirurgies qu'il me faudra subir. Il vaut mieux que je prenne tout de suite l'habitude de n'absorber des médicaments que lorsqu'ils me sont indispensables. Autrement, je vais me retrouver drogué.

Je dois trouver la patience de supporter les heures, même si elles sont parfois difficiles.

Le docteur Bergeron continue, pour sa part, à lutter contre la déshydratation : je perds du liquide en abondance. Il en est arrivé à me couper les veines du pied. La plante du pied est un endroit très sensible, par conséquent peu souhaitable pour ce genre de dissection veineuse. On sent nettement la coupure, la couture de la veine... Ce n'est pas agréable du tout.

Un seul ingrédient n'a pas besoin d'être injecté dans mon sang : le coca-cola. Le médecin m'a demandé d'en boire autant que mon organisme peut en tolérer parce que c'est important pour rétablir l'équilibre de mon corps.

Je dois ainsi boire une caisse de cola par jour... À ce rythme, je pense bien que j'aurai bu assez de boisson gazeuse pour le reste de ma vie !

* * *

Les traitements en salle d'opération sont toujours délicats. Ils sont faits sous anesthésie générale ou locale, suivant le cas. Pour l'instant, le docteur Bergeron ne fait aucune chirurgie. Mon corps n'est pas encore assez nettoyé.

On utilise des serviettes de lin pour frotter mes brûlures et détacher les peaux mortes. Ensuite, on refait les pansements.

51

Un jour, au cours d'un traitement, je commence à m'agiter. Je me mets à délirer. De retour dans ma chambre, ce n'est guère mieux. La fièvre continue.

Fernand est le seul qui réussit à me sortir de mes hallucinations. Il n'a qu'à crier:

— Blanchon! Sors de là!

Instantanément, je reprends connaissance, mais pour quelques secondes seulement.

Sitôt que la voix de Fernand cesse, je retombe dans mon coma.

En fin d'après-midi, le docteur Bergeron décide de m'infuser un antibiotique.

— Je vais te faire une piqûre pour te sortir de là, Yvan.

Sa voix me semble venir de très loin, comme si j'étais ailleurs... Je la perçois à travers la brume.

— Allez-y, docteur. Faites ce que vous devez. Le reste viendra tout seul.

Je me sens très faible. Trop pour résister à la force qui m'attire. Les explications du médecin continuent; je n'en saisis que des bribes.

— Quatre heures... après si tu es toujours en vie... il ne faut pas que tu ôtes l'aiguille de ton bras. Ça va couler en toi pendant quatre heures. C'est compris?
— C'est compris, capitaine! Vous prenez le quart dans quatre heures. Je vais être au poste. Si le vent ne diminue pas...

Fernand est toujours bien calme; moi, je n'arrive pas à tenir en place. Je pense que j'ai peur de ne plus sortir de l'anse, au Bic. La tempête ne lâche pas et la goélette tangue. On va chavirer...

La houle me fait tomber du lit. Je suis enfermé dans la cabine avec un horrible mal de mer.

— Ça fait tellement longtemps qu'on se fait brasser par la mer, vient me dire mon frère, qu'il n'y a qu'un bon lunch pour te retaper, Blanchon.

Il m'invite à le suivre à la cuisine et me prépare un copieux gueuleton.

— Tu as raison, Fernand, lui dis-je en mangeant avec appétit, je me sens déjà mieux.

Mon frère est bien content. Une fois de plus, il aura eu raison.

— Quelle heure est-il?

Une femme, tout de blanc vêtue, me répond :

— Sept heures du soir, monsieur Boudreault. Comment vous sentez-vous?

Monsieur? Comment je me sens?

Je me sens glisser hors de mon corps... comme un drap qu'on tire délicatement et qui vous découvre de la tête aux pieds.

Mon corps est rigide sur le lit. Il est tout abîmé; mon visage est méconnaissable. Je m'en éloigne. Je me libère de la souffrance. Plus je monte, plus la douleur disparaît. Je me sens bien. Parfaitement bien. En pleine voltige. Tout devient objet de fascination et d'admiration.

Jamais il ne m'a été donné de voir d'aussi belles formes, des couleurs aussi éblouissantes. Il y a un jardin avec des fleurs que je n'ai jamais vues de ma vie. Le ciel est comme du verre soufflé.

Je ne regrette pas un instant mon départ. Je ne reviendrai pas sur terre. Je suis trop bien. Je bois de l'air, je mange des bleus, des rouges...

Le feu m'aura suffisamment purifié pour me donner le droit d'entrer au paradis. Car ce ne peut être que le paradis. L'endroit de plénitude qu'après la mort du corps on doit atteindre. Je ne vois pas ce que ça pourrait être d'autre.

Une voix me parvient de je ne sais où, m'apprenant que je dispose d'un temps déterminé pour revenir dans mon corps si je le veux, car celui-ci n'est pas mort. Il continue à souffrir sur la terre. Et il en sera ainsi pendant des années, la souffrance morale venant remplacer la douleur physique. Après ma vie, je pourrai revenir dans le jardin. On me le garantit.

— Tu pourras compter sur ton fils, me dit-on enfin.

Un fils? Je pourrai compter sur mon fils?...

Il ne me reste plus beaucoup de temps. J'accepte de revenir dans mon corps.

Je le retrouve alors, inerte sur le lit blanc. Fernand m'appelle. Il semble anxieux. Le docteur Bergeron s'active autour de moi et surveille les pulsations de mon cœur.

— Blanchon! Blanchon!

Je ne peux pas encore répondre à mon frère, mais je me hâte. Je veux le retrouver. Comme vais-je faire? Pour sortir, c'était facile, mais comment rentrer dans mon corps? D'autant plus que ça presse, maintenant! Il ne me reste plus que quelques secondes.

Je fais plusieurs fois le tour de mon corps, le pique à divers endroits. Je ne peux pas passer. Je pique les pores de mon avant-bras où des tubes sont déjà installés. Ça ne marche pas davantage.

J'essaie par les ouvertures naturelles, nez, bouche, yeux... Ce n'est toujours pas le point d'entrée. En désespoir de cause, je pique en plein centre de mon crâne. Et c'est avec soulagement que je me sens me répandre à l'intérieur de mon corps.

Au fur et à mesure que je gagne toutes les parties de mon corps, la douleur réapparaît, plus vive que jamais.

— Il revient à lui, constate le médecin. Demain matin, on va le descendre aux rayons X pour une radiographie de tout le corps.

Le voile qui obstruait ma vue se dissipe. Je reconnais Fernand, le docteur Bergeron...

— Nous avons failli te perdre, Yvan! Maintenant que tu es revenu, ça va aller. On ne te laissera plus partir...

J'ai promis avant de revenir ici. N'ayez crainte, je ne lâcherai pas.

Le lendemain matin, un infirmier vient me chercher et me conduit sur une civière jusqu'à la salle d'attente pour les radiographies.

Tout le monde me dévisage. On chuchote:

— Mon Dieu Seigneur! il a eu un bon accident, celui-là... il serait bien mieux mort...

Une dame va jusqu'à confier à sa voisine:

— Si c'était mon garçon, j'irais voir le docteur pour le faire achever! Ça va rester un monstre!

Merci, madame !

J'écoute tout ça sans rien laisser voir. Après que les radiographies sont prises et qu'on m'a ramené à ma chambre, j'attends avec impatience que le docteur Bergeron fasse sa tournée. Lorsqu'il me demande comment je vais, je ne mâche pas mes mots :

— Ça va bien comme c'est là. Mais, à l'avenir, quand vous aurez à me descendre aux rayons X, vous ne ferez plus une exposition avec moi comme vous avez fait ce matin !
— Je comprends, Yvan. Excuse-nous. La prochaine fois, on va y penser. Ça n'arrivera plus.
— O.K., docteur. Je compte sur vous !

On ne peut vraisemblablement pas empêcher les gens de parler sur le dos des autres, de donner libre cours à leur grande émotivité, mais on peut sûrement éviter ce genre de rencontres.

Tant que je serai vivant, cela se reproduira. Mieux vaut apprendre tout de suite à vivre à l'intérieur d'un espace réduit, entouré des rares individus capables de voir au-delà des apparences. Avec leur cœur, sans plus.

Chapitre 3

Le personnel hospitalier n'a généralement aucun problème avec moi. Je suis très calme et très patient. « Le patient patient », comme dit Sœur Emmanuelle quand elle parle de moi. Et c'est vrai : je fais tout ce que je peux pour leur faciliter la tâche.

Je crois beaucoup au travail d'équipe, même à l'hôpital. Le patient et le médecin doivent travailler de concert pour que l'état du premier s'améliore plus rapidement. Depuis que les opérations sont plus fréquentes, ce que j'exige est raisonnable : être prévenu la veille d'une intervention afin de m'y préparer psychologiquement et, ainsi, d'éviter au maximum des suites fâcheuses.

Après tout, c'est mon corps qui subit les opérations. S'il y a quelqu'un de concerné, c'est bien moi. Le fait que j'ignore à peu près tout de la médecine ne m'empêche pas, après quelques explications, de suivre avec précision ce que font les médecins et ce qu'ils entendent faire. Il suffit de poser des questions. De s'intéresser à ce qui motive les traitements.

Le docteur Bergeron commence à être habitué à ma façon de lutter contre le mal; il se prête à mes interrogatoires, mais en gardant une certaine distance. C'est lui qui est le chirurgien. Chacun sa spécialité.

— Tu perds encore trop de liquide, m'annonce-t-il, un bon matin. Il faut trop t'en donner.

Il n'a jamais si bien dit. Je suis bien d'accord avec lui: des tubes, j'en ai pour les fins et les fous. Une jambe reçoit une transfusion de sang, le sérum est injecté dans l'autre par deux veines à la fois. Mon bras droit, un tube; le gauche, deux. Et les pieds...

Je ne peux sûrement pas m'objecter à ce qu'on ait recours à la chirurgie pour enrayer la perte liquidienne.

— Je ne peux pas te garantir, toutefois, que ça va marcher, tes mains sont tellement abîmées... mais on ne perd rien à essayer.
— Où allez-vous prendre la peau?
— Sur le ventre. Rassure-toi, on ne fera pas de gaspillage. On va prendre juste ce qu'il faut.

C'est important, je ne le sais que trop. La peau va se refaire à la longue, mais mon visage, pour reprendre une apparence normale, aura tellement besoin de greffes qu'il faut garder intactes les rares parties que le feu a épargnées.

Je passe toute la journée à réfléchir à l'opération du lendemain. Il faut que ça colle! C'est seulement comme ça que je pourrai m'en sortir...

Sans perdre une seconde, au cours de la nuit, je continue à y penser, à prier avec encore plus d'ardeur, implorant la Vierge de venir à mon secours. Je crois, avec obstination, à la puissance de ceux d'En-Haut et comme ça me rend plus confiant en l'avenir, pourquoi ne pas miser entièrement sur eux?

J'ai presque hâte que le jour vienne... hâte que ce soit passé...

L'opération a lieu à l'heure prévue. À la salle de réveil, le docteur Bergeron me dit que tout s'est bien déroulé.

— Il reste à voir si ça va coller.
— On va voir, docteur, je suis certain que ça va coller.

J'ai quasiment l'impression d'être le seul à ne pas m'inquiéter. Chacun, même Sœur Emmanuelle, a un visage peu rassuré, peu rassurant. Mais moi, après les heures de conversation avec En-Haut... je ne doute pas de la réussite de l'opération.

— Je t'ai fait juste une main, m'explique le médecin. Je ne voulais pas gaspiller de peau, comme je te l'avais dit. Je préfère attendre pour voir si ça prend.

Je ne peux m'empêcher de penser qu'à ce rythme-là, précaution sur précaution, j'en ai pour des années avant qu'on ait recouvert la plupart de mes brûlures. C'est beau de ménager, mais, vraiment, le temps aussi doit être ménagé. J'ai ma peau à sauver... et je voudrais bien que ça se fasse rapidement.

À mon premier effort pour bouger, je sens la raideur du ventre, à l'endroit où on a prélevé un morceau de peau. J'essaie de me lever.

— Aiyaiyoie!

Je ne peux retenir ma surprise. Ça fait mal! Dorénavant, j'aurai à supporter, en plus de mes brûlures, les plaies qu'il faut faire pour guérir les endroits abîmés. De mieux en mieux...

Je ne dis rien et me dispose à attendre afin de vérifier si la greffe reste en place.

Dès le lendemain de l'opération, on vient changer mes pansements sur l'abdomen et sur la main. On arrache les diachylons et on m'en remet des nouveaux.

— Non, ce n'est pas correct, dis-je au médecin après la cérémonie. Ça fait tellement mal quand vous m'ôtez les pansements, je ne comprends pas pourquoi c'est nécessaire de me faire une nouvelle plaie, chaque jour. Comment voulez-vous que ça guérisse si vous me faites saigner régulièrement pour remettre des gazes stériles?

— Il faut vérifier si la plaie est propre. S'il n'y a pas infection.

— La plaie? À votre place, je la laisserais sécher plus longtemps avant d'arracher ce qui la protège. Ainsi, quand vous ôteriez les diachylons, elle ne saignerait plus.

— Ça a de l'allure... On va attendre quelques jours pour voir ce que ça va donner.

Après trois jours, la plaie perd de sa sensibilité. Elle commence à sécher, par conséquent à sentir... On attend encore quelque temps. Quand on viendra me changer les pansements, ça se décollera quasiment tout seul.

Tout est bien sec et ne me fait plus mal.

— C'est bien pris, observe le docteur Bergeron. Dans deux jours, on va te refaire l'autre main. Ça va coller sans problème, comme pour ta droite. Elle ne guérira peut-être pas aussi bien, car elle est plus brûlée que l'autre; tu as un os de cassé et les doigts sont incomplets...

Je trouve que mon médecin est défaitiste. Au lieu de s'en faire autant, il devrait s'en remettre à celui que je prie tous les soirs. Car si Dieu n'était pas là, il serait tout naturel d'être préoccupé. Voire de désespérer. Mais comme il est là, plus habile que le meilleur des chirurgiens, il n'y a rien à craindre. Tout va comme il veut.

Le défilé, parfois purement curieux, des internes dans ma chambre ne me sourit guère. Leurs interrogatoires que je juge inutiles et leurs conseils, prétentieux et inexpérimentés, m'ennuient au plus haut point.

Il y en a un qui revient régulièrement. Il est trop souvent de garde, à mon goût. Je ne suis pas capable de tolérer ses remarques; elles sont toujours déplacées. Après tout, le brûlé, le défiguré, c'est moi! Qu'est-ce qu'il peut bien savoir de cette histoire? Aucun livre médical n'exprime l'intensité d'une brûlure, l'acuité d'une plaie. La dimension «souffrance» sur une feuille de papier imprimée n'a rien de comparable à ce qui se passe dans un corps qui souffre ou derrière un visage devenu accidentellement monstrueux...

Seuls ceux qui souffrent peuvent le comprendre. Les autres ne peuvent que compatir. Pour le reste des hommes, imbus de leurs connaissances et de leur bien-être, leurs mots d'encouragement sont tellement superficiels qu'ils blessent plus qu'il ne soulagent.

Devant cet interne jeune et fier, c'est ce que je ressens. Une blessure, à cause de son verbiage, de son éloquence en présence des infirmières... À cause surtout de son attitude froide et indifférente, à croire que le feu aurait détruit toute trace de sensibilité en moi.

Pourtant, il n'en est rien. Je suis plus sensible que jamais. Plus attentif au ton d'une voix, aux gestes des autres. Et ça, sans le laisser paraître. Je n'ai pas l'intention qu'on me traite en poule mouillée ou en enfant.

Je suis un homme. Comme les autres. J'ai le droit d'être traité comme tel, défiguré ou pas.

Le jeune interne a inscrit sur le dossier, au moment de sa visite quotidienne: «refus de collaborer de la part du patient» et, un peu plus loin: «halluciné». C'est très intéressant...

Quelques heures plus tard, il recommande à mon médecin de m'attacher pour faciliter les traitements et éviter des accidents fâcheux, étant donné que son patient est de plus en plus agité.

On m'attacherait? !!!

Pour que je sois plus docile? Moi, le patient patient!

C'est de la démence.

Lorsqu'il reparaît dans l'embrasure de la porte pour m'examiner, la fois suivante, je lui dis d'aller se promener ailleurs. Que je n'ai nullement besoin de lui.

Avec insolence, il me répond:

— O.K., Boudreault. Tu auras couru après. On va t'attacher, ce matin.
— Surtout, n'essaye pas ça! lui répliqué-je en me tournant vers Fernand pour vérifier sa réaction.

L'interne, petit et vif, se faufile sous le lit. Je n'ai pas le temps de comprendre son stratagème. Je sens une piqûre dans l'épaule. Lorsque je me réveille, je suis ligoté. Comme un criminel. Ma colère est indescriptible. J'avais prévenu tout le personnel que je ne voulais pas être attaché. Pour aucune raison. Et ce n'était pas une menace en l'air. On va le regretter.

Je tiens à la liberté comme à ma vie. Libre de mes actes, de mes paroles, de ma volonté, de mes désirs. Comme l'air, comme l'eau.

— Vous m'avez attaché? Vous venez de faire la bêtise de votre vie.

Fernand s'approche de moi pour me tranquilliser:

— C'est pour ton bien, Blanchon...

Cette fois-ci, même lui ne peut me retenir.

— Mon bien? Tabarnacle! Qu'est-ce que vous en savez?

Mais rien n'y fait. J'explose! Aucun saint n'est épargné. Tous les jurons de la terre affluent sur mes lèvres.

— Vous n'auriez pas dû le faire, mes chrisses... Je vous l'avais dit. Je serais resté tranquille, si vous ne m'aviez pas attaché.

Soudain, j'aperçois mon agresseur. Mon blanc-bec, mon clerc médecin. D'un ton désobligeant, il m'adresse la parole:

— Que tu le veuilles ou non, tu vas rester attaché de toute manière. Il n'y a aucun homme qui a été capable de casser ça.

Je ne peux pas en entendre davantage. Je suis à bout de nerfs. Mes muscles se contractent et tendent les courroies de cuir qui retiennent mes poignets et mes jambes.

Il va voir de quoi je suis capable, celui-là!

Je ne suis pas gros. Je suis couvert de pansements. Il ne me croit pas fort. Il va en avoir pour son argent.

Plein de colère et d'aigreur, je rassemble mes forces et réussis à faire sauter les courroies, l'une après l'autre.

— Tu te penses fin, me nargue l'interne. Tu n'es pas plus avancé. Tu vas rester attaché. Tu ne seras pas capable de casser la courroie qui retient ton torse.

Je suis tout en sueur et en sang, mais une parole comme celle-là rallume les tisons. Je force à nouveau et fais éclater l'attache.

D'un bond, je me mets debout sur le lit, me tenant sur une seule jambe.

— N'approchez pas, ma *gang* de...

Je dois être terrifiant; on se tient à distance. Plusieurs de mes pansements sont défaits, mes plaies, ouvertes. Je suis déchaîné et je le resterai.

— Blanchon, calme-toi, essaie mon frère, décontenancé.

Tous me dévisagent sans broncher.

— Je ne me calmerai pas tant que je serai ici.

Tous mes tubes sont arrachés. Les tendons de ma jambe droite sont tellement sortis que je pourrais m'en servir comme fronde.

Il n'y a qu'un point de mon corps qui ne soit pas douloureux, le haut de mon épaule. Fernand m'y agrippe et me force à m'allonger. Je suis à bout de forces. Mes nerfs me lâchent. Je m'affaisse sur le lit.

Le docteur Bergeron, évidemment prévenu par les infirmières, profite des premières secondes d'accalmie pour m'injecter un tranquillisant.

— Ne m'attachez plus... ne m'attachez plus, docteur, et vous aurez le patient le plus docile de la terre... ne m'attachez...
— On ne t'attachera plus, me promet le médecin. Calme-toi...

S'ils tiennent parole, je tiendrai aussi la mienne, et sans me plaindre. Tout ce que je veux, c'est que mon corps reste bien à moi. Entièrement à moi. Car il y a quelqu'un qui m'habite, qui me conseille, jour et nuit. C'est une voix intérieure qui me dicte ce qui est bon ou dangereux pour moi. Faites-moi confiance...

Je ferme l'œil sur la promesse du médecin.

* * *

Sœur Emmanuelle a été absente pendant une semaine. Lorsqu'elle est de retour, on la met au courant de cet incident assez tragique. Elle n'arrive pas à le croire.

— Ce n'est pas un comportement normal pour monsieur Boudreault. Quelque chose a dû provoquer sa réaction...

Mon infirmière préférée prend ma défense. Je me sens soulagé. Je n'aurais pas voulu perdre ses précieuses douceurs.

— Vous avez été absente trop longtemps, mère. Je me suis ennuyé de vous.

La religieuse sourit. Son visage est doux. Dans sa large robe blanche, sa coiffe et son masque aseptique, je la trouve très belle. Sa sérénité est, pour un malade comme moi, le meilleur des traitements.

— Je voudrais un miroir, mère. Je veux me regarder.

Sœur Emmanuelle reste muette. Je lis la désapprobation sur son visage.

— Il n'y a rien qui presse...

Elle essaie de me dissuader. Elle redoute ma réaction. Fernand partage l'inquiétude de la religieuse.

65

— Ça ne te donnera rien, Blanchon...

Leurs craintes sont fondées, certes, mais ce qu'ils ignorent, c'est que je me suis déjà vu. Dans le rétroviseur de mon bon Samaritain! Je n'avais pas eu de réaction, à ce moment-là. Aujourd'hui, il en ira de même. Si je tiens à me regarder dans un miroir, c'est pour accélérer ma guérison; je dois savoir exactement où j'en suis.

Pour ne pas me contrarier, même si elle est très hésitante, Sœur Emmanuelle m'apporte un miroir.

Je me regarde.

Rien d'humain sur mon visage... Plus de traits... Plus rien qui rappelle celui que j'étais avant l'explosion.

Le feu a beau se rallumer dans mes tripes, personne ne le saura. J'ai demandé le miroir, on m'a fait confiance; c'est à moi de prouver qu'on a eu raison. Autrement, on hésiterait à m'écouter, la prochaine fois.

Je ne ferai donc aucune crise de nerfs. Le poids de la réalité écrase les sursauts de mon cœur. Rien ne me rendra le visage que j'avais.

Le beau petit capitaine de l'*Azur* n'existe plus. Celui que Suzanne a épousé est un homme sans visage. Il aura à se remonter de toutes pièces. Comment sera-t-il physiquement? Dans ma tête se profilent les traits presque réguliers d'un homme modelé par la chirurgie plastique. Un visage presque normal. Suffisamment humain pour la sensibilité des autres.

Je rends le miroir à Sœur Emmanuelle et lui demande de faire mes pansements au plus vite.

— Je veux être seul.

Le lendemain, le personnel ne constate aucun change-ment. Tout est comme la veille. On peut aussi continuer à me soigner. J'ai plus hâte que jamais de sortir de l'hôpital.

Quelque temps après, Sœur Emmanuelle s'amène dans ma chambre, portant sur un plateau un splendide gâteau.

— Qu'est-ce que vous faites là, mère?
— C'est le 19 octobre, aujourd'hui, monsieur Bou-dreault. Je vous souhaite un joyeux anniversaire et beaucoup d'années à vivre.

J'ai le cœur serré. La délicatesse de Sœur Emma-nuelle me touche au plus haut point. Elle le devine.

— C'est pas parce qu'on est à l'hôpital qu'il faut oublier qu'on vieillit. Vous avez vingt-six ans, maintenant. C'est encore bien jeune.

Jeune? Non, je ne le serai plus. Je ne pourrai plus retrouver ma jeunesse, mais je continuerai à vivre quand même. Pour mon fils. Pour Suzanne.

— Ça va me prendre beaucoup de temps pour le manger, puisque je ne suis pas encore capable de manger tout seul.
— Ce n'est pas grave. Vous avez tout votre temps.

Les repas sont si longs... Parce que mes lèvres ont été très brûlées, l'ouverture pour faire passer la nourriture n'est pas plus grande que le diamètre d'une paille. Une infirmière doit couper tous mes aliments en portions minuscules et me faire manger parce que je reçois des transfusions par les bras et que je ne peux les bouger. C'est fastidieux.

Toutefois, je n'ai pas le choix. La nourriture m'est nécessaire pour recouvrer mes forces. Tant que je digère, on m'en donne.

Étant amateur de sucré, le gâteau de Sœur Emmanuelle passera avec appétit !

* * *

Trois semaines se sont déjà écoulées depuis mon
accident.

Fernand m'annonce la visite de ma femme.

— Suzanne sera là au début de l'après-midi...

Je sens la nervosité me gagner.

C'est le rendez-vous qui a été remis par la force des
choses... par la force du feu...

Bien que j'aie souhaité, des centaines de fois, la
présence de Suzanne depuis que je suis à l'hôpital, je crains
l'instant de notre rencontre. Quelle sera la réaction de ma
femme en m'apercevant ?

Rosanne a dû la préparer, lui décrire un peu la
situation, mais l'odeur de la chambre, le corps et le visage
d'un brûlé sont indescriptibles. Je ne me sens pas à l'aise
sous mes cerceaux.

Quand Suzanne arrive, Fernand va à sa rencontre
dans le couloir. Ils s'entretiennent quelques instants. Je
suis impatient... Des bouffées de chaleur me montent à la
tête. Mon cœur se débat.

D'un pas hésitant, Suzanne se dirige vers ma chambre. Mes yeux vont la chercher au bout du corridor. Ils la
couvrent de leur inquiétude. Ma femme est plus belle que
jamais. La grossesse lui donne encore plus de grandeur.
Elle s'approche du lit sans faillir.

Des larmes s'échappent de mes yeux.

Suzanne, le visage blême et cerné, pose une main sur mon épaule. Pas un mot, pas un son ne sortent de sa bouche. L'émotion nous rend muets.

D'ailleurs, il n'y a rien à dire. Il nous faut tenter d'étouffer notre chagrin sans le crier sur tous les toits. Tel est notre destin.

D'elle à moi, de moi à elle, une énergie doit se transmettre par nos veines. Un même courage doit animer nos coeurs.

Dieu doit entendre notre silence.

Le véritable calvaire de Suzanne a commencé dès qu'elle est entrée dans ma chambre. Dès l'instant où elle m'a vu. Elle choisira de l'endurer ou non, suivant sa force et sa foi. Elle aura l'entière liberté de son choix; je ne la retiendrai pas à mes côtés contre son gré.

L'amour n'est pas une prison.

Seul, je deviendrai plus dur, plus amer, probablement. Ma carapace sera inviolable. Mais je survivrai tout de même parce que j'ai une vie à mener. Sans aimer aucune autre femme. La mère de mon fils aura été l'unique amour de ma vie. Je vivrai comme une bête. Solitaire. Reclus.

Ma gorge est obstruée par le trop-plein que je retiens avec véhémence. Je ne réussis pas à parler à ma femme. Quand il y a trop à dire, on ne dit rien. On attend.

Suzanne reste à l'hôpital jusqu'au soir, sortant de temps à autre dans le corridor. Probablement pour y pleurer. Mais à aucun moment elle ne me le laisse soupçonner. Tout semble bien aller.

Quand elle me quitte après l'heure des visites, elle me promet de revenir chaque mardi, jeudi et dimanche. Je n'en espérais pas autant, compte tenu de son état. Je suis sensible à cet effort qui vient appuyer mon espoir, n'étant que trop conscient du calvaire que je lui demande de partager avec moi.

Sœur Emmanuelle, à qui je confie la grande joie que m'a procurée la présence de ma femme, voit d'un très bon œil ces visites régulières. Elle trouve important que Suzanne vive les étapes de mon rétablissement, qu'elle s'habitue progressivement à la situation. Même enceinte. Malgré ses nausées et ses malaises. Suzanne représente le pilier de ma guérison, elle va de pair avec les traitements.

Au cours des jours qui suivent, mon état général va en se détériorant. C'est tout à fait inexplicable. La fièvre se maintient à 105° F et refuse de baisser. Je recommence à être très agité et à délirer.

De nouveau, dans le service, c'est l'alerte. On s'interroge. Le patient recevrait-il trop de liquide? Y a-t-il surcharge? Trop de médicaments? Est-ce le début d'une infection?

Je me sens de plus en plus mal. Conscient, puis inconscient... Médecins et infirmières défilent régulièrement. Il y a beaucoup trop de gens dans ma chambre. J'ai besoin d'air.

Le Canada a décidé d'envoyer des braves pour appuyer les États-Unis dans la guerre qui vient de se déclarer. Je me porte volontaire.

Malgré mon jeune âge, on m'accepte dans les rangs et on me confie, puisque je viens d'obtenir mon brevet de capitaine, un poste stratégique: commandant à bord d'un destroyer qui transporte plus de deux mille marins!

La responsabilité est de taille, mais ça ne me fait pas peur. D'ailleurs, je n'ai jamais eu peur de rien dans ma vie.

Pourquoi reculerais-je en ce moment? Il y a mon honneur et celui de mon pays à défendre. Ça vaut le coup.

Fernand est assis dans le fauteuil à côté de moi, comme il le fait depuis presque un mois. En le regardant, un souvenir me revient à l'esprit. Il semble si épuisé, je vais le faire rire un peu.

— Te souviens-tu, Fernand, de la vieille fille qui est décédée à l'Île quand on était tout jeunes... C'était au mois de novembre, le mois des morts! On nous envoyait aux prières à sept heures, le soir... Une fois, j'étais sorti avant les autres et je m'étais caché dans le trou prévu pour la vieille fille dans le cimetière.

— À côté de l'église, complète Fernand.

— C'est ça. Pour sortir de l'église, il fallait passer à ras du cimetière. Comme les prières finissaient assez tard, quand les enfants sortaient c'était la brunante, on ne pouvait pas m'apercevoir. Je suis sorti de mon trou et j'ai crié : « Ave Marie Stella! » Ils ont eu à virer de bord, crois-moi! Les petites filles en ont perdu leurs souliers! « Ave Marie Stella »... Pourtant, un mort, ce n'est pas dangereux, ça ne revient pas!

Les militaires sont alignés. À l'attention. À mon arrivée sur le sol américain, j'ai eu droit au salut militaire. Lors de l'embarquement, on chante l'hymne national canadien. C'est très solennel. Ça m'impressionne.

On me donne l'ordre de me rendre à un endroit où nos forces n'ont pas encore réussi à débarquer, misant vraisemblablement sur la témérité de ma jeunesse, sur la hardiesse dont je fais preuve. Mais on ne m'en dit pas davantage pour le moment. Je serai informé ultérieurement.

Je lève l'ancre. Tout va normalement. L'équipage est très compétent. Je suis fier de mon navire qui tranche les flots de l'océan; de mon costume couvert de galons... Je flotte quasiment dans les airs!

Après une journée en mer, le gars de la radio m'appelle :

— On a reçu un message. Ordre de faire débarquer des hommes sur l'Île et de vérifier s'il reste des ennemis.

Je lui recommande de ne pas s'inquiéter.

— Ce n'est pas un problème ; avec le navire que nous avons et les canons qui sont à bord, on pourrait détruire une ville entière, même en restant à deux milles au large de la côte.
— On accepte les ordres, commandant ?
— Bien sûr !
— Tout de suite, mon commandant.

Main portée à la tempe, claquement des talons, rien ne manque. Je me dis que mon affaire va très bien... que ce voyage en haute mer est magnifique.

Une réunion est prévue avec mes officiers qui sont, pour la plupart, très âgés. Certaines de mes décisions leur semblent souvent saugrenues.

— Hé ! le «flow»... m'apostrophe l'un d'eux, si on s'approche trop de la terre, c'est dangereux.

Je lui rétorque d'un ton sans réplique :

— Monsieur, c'est moi qui commande à bord de ce navire. J'ai reçu des ordres et nous les exécuterons.
— Si j'avais su ça, maugrée l'autre, je serais resté à quai.
— Si vous désirez être relevé de vos fonctions, envoyez-moi ça par écrit et un autre va prendre votre place. Et prenez votre décision le plus vite possible, étant donné que j'ai besoin de tous mes hommes.
— Ça va. J'ai compris. Je ne discuterai plus les ordres du commandant, à l'avenir.
— C'est mieux de même, dis-je en me levant et en quittant le carré des officiers.

Sous aucun prétexte, je ne dois me laisser intimider. On m'a donné une mission, on m'a fait confiance et je ne flancherai pas. Je ne suis pas homme à manquer à mes responsabilités. Jusqu'à maintenant, j'ai toujours mené à bien ce que j'ai entrepris. Je ne vois pas pourquoi il en serait autrement maintenant, d'autant plus que l'objectif est en vue.

Je fais deux fois le tour de l'île avec mon navire. Ça tire de tous bords, tous côtés. Mon intention est de repérer la position des canons ennemis avant d'ouvrir le feu.

Je relève les positions le plus exactement possible, puis les remets aux canonniers. Tel degré, telle hauteur.

— Il ne faut pas qu'un seul coup soit perdu, c'est bien compris? Vous visez là où je vous l'ai indiqué. Quand tout sera fait, on va faire un tour sans tirer, on va s'approcher de la terre et si on n'a pas de rebondissement, ça voudra dire qu'on les aura eus!

Chacun est à son poste de combat. Je suis confiant. Mon petit chien branle la queue derrière moi. «Psit! Psit!...» je lui demande de me suivre. C'est un éclaireur expérimenté. Pas un soldat, pas un officier n'a autant de flair que lui.

Après la canonnade, nous jetons l'ancre près du rivage et nous nous préparons à débarquer.

En tant que commandant, c'est à moi qu'il appartient de conduire le bataillon qui explorera les lieux. Je rassemble une quinzaine de soldats, deux officiers et descends à terre avec mon chien.

Ce n'est pas tout à fait ce que nous espérions trouver... Les conditions sont plus pénibles que nous ne l'avions imaginé: il nous faut avancer dans la boue, à travers des barbelés, au milieu des balles qui sifflent contre nos tempes.

— Psit! Psit!...

Je ne veux pas que mon chien s'éloigne. J'ai besoin de lui. Mon pas commence à ralentir. Je suis exténué. Je tombe, me relève, puis retombe. Le sang gonfle les veines de mon front. Je commence à avoir hâte de sortir d'ici. De retourner à bord du navire, de reprendre la mer, de m'éloigner de cet enfer qui risque de m'engloutir, tout comme il risque d'engloutir les hommes qui dépendent de moi.

— Psit! Psit!...

Quand mon chien est près de moi, je retrouve mon calme, mon courage.

Nous parcourons plusieurs milles comme ça. Nous sommes à bout de force.

Nous ne rencontrons âme qui vive. Seuls des cadavres qui jonchent le sol. Tout est fini.

— On va retourner à bord du bateau, ordonné-je à mes officiers.

Le retour, bien que pénible à cause de notre épuisement, s'effectue sans ennuis.

Après être remontés, sains et saufs, à bord du destroyer, un officier me demande quels sont mes prochains ordres, d'une voix qui exprime son amertume. Cette marche infructueuse risque de me faire perdre la confiance de mes hommes. Je dois y prendre garde.

— On va appeler le G.Q.G. pour savoir si on doit rester sur place ou s'en aller.

Cette disposition semble satisfaire mon officier. Je comprends son incertitude. Je la partage dans une certaine mesure. Ça fait déjà plusieurs jours qu'on est au même endroit. «Rester sur place 36-48 heures, si la tempête annoncée ne vous dérange pas.» Tels sont les derniers ordres reçus.

À regarder descendre le baromètre, je me dis que la tempête peut nous immobiliser en pleine tornade pour un bon bout de temps. Il faudra être plus prudent que jamais, au cas où il y aurait, en plus, une attaque surprise. La garde devra être vigilante. Je ne peux prendre aucune chance. Je laisse l'alerte rouge, vingt-quatre heures sur vingt-quatre. Les canonniers sont à leur poste, prêts à faire feu en tout temps.

La tension est grande sur le navire, mais c'est préférable que tous soient bien à leur poste. Durant la nuit, alors que je descends prendre un café, mon chien se met subitement à aboyer.

— Qu'est-ce qu'il y a?

Je sors de la cabine pour le retrouver. Il n'a pas l'habitude d'aboyer. Quelque chose d'irrégulier doit se passer sur le pont.

Je ne mets pas de temps à comprendre : un avion ennemi survole le navire.

Je cours donner l'ordre de l'abattre.

— Il ne doit pas avoir le temps de transmettre nos coordonnées. C'est vital.

Les hommes tirent. L'avion coule à pic.

C'est l'allégresse à bord du bâtiment. Nous attendons que nos trente-six heures de guet soient passées, puis nous levons l'ancre avec soulagement. Enfin, nous pouvons nous éloigner.

Une seconde surprise, cependant, nous attend ; une torpille, tirée par un sous-marin, fonce droit sur nous.

Vraisemblablement, le pilote de l'avion abattu a eu le temps de relever notre position et de la transmettre. Il faut contre-attaquer sans perdre une seconde.

«Psit! Psit!» Le chien court derrière moi, du carré des officiers au poste de commandement. C'est l'alerte rouge de nouveau, mais, cette fois, il ne faut pas manquer notre coup:

— Toutes les machines en avant! Pleine vapeur!

Je donne l'ordre de changer de direction sur-le-champ pour ne pas nous faire torpiller. Nous faisons feu sur le sous-marin qui nous envoie des signaux de détresse. Mes hommes crient victoire. Le sous-marin fait surface.

Un message nous arrive par radio: «Vous avez réussi, rentrez.» Pour moi, c'est encore trop tôt. Je ne partirai pas d'ici tant que les débris du sous-marin ne flotteront pas sur l'eau. Ce faisant, je prends évidemment le risque de me mettre l'état-major à dos, mais je crois être dans mon droit.

Je donne alors l'ordre de lâcher sur le bâtiment ennemi le reste de nos torpilles. Moins de cinq minutes après, le sous-marin approche à quelque deux cents pieds de nous! On fait prisonnier tout l'équipage.

Là, je suis fier...

— Psit! Psit!

Nous avons gagné! Notre mission est accomplie. Une double mission réussie à la perfection. Nous rentrons au pays.

Le Premier ministre du Canada et celui du Québec, un nombre incalculable de dignitaires et de généraux nous attendent au port. L'équipage s'est mis en grand uniforme pour l'occasion.

Je suis invité à serrer la main de toutes ces personnalités et à accepter leurs compliments.

— Ça prend juste un petit Canadien français pour venir à bout de l'ennemi. Tu nous as rendu un fier service... On peut te l'avouer maintenant, on ne pensait pas que tu allais en revenir! Comment as-tu fait pour t'en sortir tout seul, on a envoyé des bateaux autant comme autant, ils ont tous été coulés...

Je suis assailli de toutes parts. Je ne sais plus de quel côté me tourner, à qui répondre.

— L'important, c'est de savoir travailler.

On me félicite, me remercie, me décore...

Ça va extraordinairement bien, mon affaire!

Je suis aux petits oiseaux... Comme un général s'apprête à épingler une médaille d'or sur ma poitrine, je lâche un soupir de satisfaction, mes épaules tombent... Ouf...

Rosanne et Fernand et les infirmières sont là, autour de moi. Dans une chambre d'hôpital! Pour toute médaille d'or, des pansements et des transfusions...

— D'où est-ce que je viens? demandé-je éberlué.
— Vous revenez d'un terrible voyage, me dit une infirmière. Vous êtes resté de nombreuses heures dans le coma. Vous avez sué beaucoup. Vous étiez tellement agité. On a eu peur de vous perdre.

Des images me reviennent. Les barbelés, les torpilles...

— Où avez-vous été? me demande-t-on.
— Je ne sais pas... je ne peux pas le dire... ce fut terrible!

77

— Il y a quelque chose que tu faisais tout le temps, Yvan, me dit Rosanne, un signal, un bruit qui nous faisait sursauter. Psit! Psit! Qu'est-ce que ça voulait dire?

Les autres aussi veulent savoir.

— Ça? C'était mon petit chien que j'appelais.
— Tu faisais ça sans arrêt. Ça n'avait pas de bon sens!
— C'était mon guide. Il m'a aidé à accomplir ma mission. (Je me sens très fier à nouveau.)
— Quelle mission?
— Ah! bouche cousue! C'était une mission secrète, je n'ai pas le droit d'en parler!

Même si on insiste, on n'apprendra rien de moi. Je ne parlerai pas.

L'expédition a vraisemblablement été très épuisante. Quatre ou cinq jours s'écoulent avant que je reprenne enfin le dessus. La fièvre va et vient encore pendant plusieurs heures. Je retombe parfois dans le coma, puis ça finit par se calmer. Je me remets peu à peu. Décidément, une mission secrète, ce n'est pas rien...

* * *

Mon coma a donné la frousse à tout le monde. Même Suzanne a été prévenue par le docteur Bergeron que je ne m'en sortirais pas. Pourtant, je m'en suis sorti. Et d'une manière on ne peut plus exemplaire. Psit!

Peut-être qu'un jour je parlerai aux autres de cette mission... D'ici là, je veux recouvrer la santé. Je mange de plus en plus. J'ai hâte d'être assez fort pour quitter l'hôpital.

Mon régime me convient assez bien: pour déjeuner, deux ou trois œufs; dans l'avant-midi, un jaune d'œuf battu dans deux onces de cognac; pour dîner et souper, un excellent steak; dans l'après-midi et dans la soirée, à nouveau un œuf battu dans le cognac.

— Rien de tel que des pilules de cuisine comme stimulant protéinique, me répète Sœur Emmanuelle quand elle m'apporte les collations.

Je partage son opinion, il va sans dire.

La diététicienne, toutefois, semble scandalisée par le nombre de calories que j'avale quotidiennement:

— Il va étouffer à ce rythme-là.

Entre trois mille et trois mille cinq cents, s'il n'y a pas d'opération prévue; alors, on me donne un revitalisant en globules rouges, un substitut alimentaire, une série d'ampoules que l'hôpital a commandées à Boston, spécialement pour moi!

Je suis vraiment très bien traité.

Sœur Emmanuelle vérifie régulièrement si mon alimentation n'entraîne pas des malaises. Elle a consulté le docteur Bergeron à propos des craintes de la diététicienne.

— Donnez-lui-en tant qu'il peut le supporter, lui répond le médecin. Il a une excellente constitution.
— Vous n'avez pas de problème avec votre digestion? me glisse Sœur Emmanuelle, en faisant sa tournée du soir.
— N'ayez crainte. Mon estomac est habitué à digérer pire que ça. À bord des *pines*, la nuit, on se calait un bon rôti de porc chaud quand on était de quart, ou bien quatre ou cinq tranches de pain frais avec de la graisse de rôti et des patates en quantité...

L'énoncé est suffisant. Sœur Emmanuelle me quitte en souriant. Elle ne doit pas craindre les ulcères d'estomac pour son patient. De fait, il n'y a que l'anesthésie qui provoque des vomissements; à part ça, je digère tout.

Chapitre 4

Fernand est rappelé par son travail. Ingénieur en chef à bord du traversier de l'Île-aux-Coudres, c'est une responsabilité qui est importante. Une absence d'un mois commence à compter.

Au moment de son départ, je cherche les mots pour le remercier. Ceux qui me viennent à l'esprit ne sont pas à la hauteur de la reconnaissance que je veux lui exprimer.

— Où que tu sois Fernand, je penserai à toi. Je n'oublierai jamais ce que tu as fait pour moi...

C'est si peu dire...

Yolande, ma jeune sœur, le remplacera. Il lui faudra quelques jours pour s'adapter à mon visage, à l'odeur de la chambre, puis elle sera une infirmière impeccable. Elle veille sur moi comme on le fait pour un bébé de deux mois, ne laissant rien au hasard. Elle devine tous mes besoins.

Pour les repas, c'est elle qui me fait manger. Avec patience et affection. La direction de l'hôpital qui n'autorise pas le visiteur à passer la nuit dans la chambre d'un patient fera une nouvelle exception pour Yolande, comme on l'avait fait pour Fernand, compte tenu de tous les services que ma sœur rend au personnel. On lui permettra de coucher dans un petit coin du grenier de l'hôpital.

Pour moi, c'est rassurant. À toute heure du jour et de la nuit, j'ai la certitude d'avoir un parent près de moi, si j'en fais la demande. Je me sens moins isolé.

Les malades de l'étage ont pris l'habitude de venir me rendre visite, pour me confier leur peur de mourir ou la hantise de leur prochaine opération. Ils viennent chercher auprès de moi du réconfort. J'aime les écouter, les recevoir. Il n'y a pas de meilleur remède pour soulager ses propres maux que d'être sensible à ceux des autres. La solidarité dans la souffrance, c'est une nécessité, tant pour le moral que pour le physique.

J'ai même dit à mon médecin, l'autre jour, que s'il se trouvait dans l'hôpital des femmes enceintes dont le travail ne se déroulait pas normalement, de me les amener.

— En me voyant... elles ne manqueront pas d'accoucher !

Rire un peu cynique, j'en conviens, mais rire tout de même. Pour ne pas m'apitoyer sur mon sort, pour que les autres non plus ne s'apitoient pas sur le mien ou sur le leur.

Comment passer pour un vivant si on ne rit pas ?

Douleurs ou pas, je m'applique à rire et à faire rire. Pendant quelques minutes, on est assuré d'oublier son mal. Ça vaut le coup !

Yolande me parle souvent de ma mère. Elle dit qu'elle a été très ébranlée en apprenant mon accident. Ça me fait tout drôle d'y penser. À l'Île-aux-Coudres, il y aurait une femme admirable qui s'inquiéterait pour moi? Une mère qui prierait pour son fils?

Je sais que ce doit être vrai, mais dans le fond de ma tête et de mon cœur, j'ai du mal à le croire. Ayant vécu loin de ma mère depuis ma tendre enfance, je n'ai pu m'attacher à elle comme un fils l'est habituellement. C'est un sentiment que j'ignore presque totalement. Même avec ma famille d'adoption, j'avais gardé mes distances pour ne pas être déçu; je ne voulais pas risquer de perdre une seconde fois un père ou une mère. Je n'avais déjà que trop bien connu cette souffrance du cœur.

Ma mère me disait souvent : « On aime bien ceux avec qui on vit.» Cela justifiait peut-être mon détachement face à elle, mais, de son côté, je sentais qu'il en allait autrement. J'étais et je demeurais son fils, même si je ne vivais pas chez elle.

Son moral n'a pas flanché, malgré les dures épreuves de sa vie. Parce qu'elle est croyante, elle trouve dans sa dévotion la force nécessaire pour élever ses enfants toute seule.

Dieu doit écouter avec beaucoup d'attention la sincérité d'un cœur de femme aussi courageuse. Si je ne désespère pas dans mon infortune, les prières de ma mère doivent en être la clef, car ça fait bel et bien près de deux mois que je suis cloué sur mon lit d'hôpital et je n'ai connu aucun moment de désespoir. D'impatience, oui, mais pas de réel découragement. Quelqu'un doit y veiller à distance...

Mon obstination est déconcertante. Je suis résolu à guérir le plus vite possible, et je consens à faire tout ce qu'il faut pour ça.

Depuis qu'on m'a enlevé la main en acier inoxydable — un moule qui retenait mes doigts pour qu'ils restent droits —, je ferme et ouvre mes mains plusieurs fois par jour. Mes doigts doivent retrouver leur souplesse. Avec le morceau de polystyrène que m'a procuré Sœur Emmanuelle, je poursuis mes exercices encore plus régulièrement. Je mets le morceau dans ma main, puis je serre de toutes mes forces afin de durcir la peau à l'intérieur.

Pour les jambes, l'exercice est plus compliqué à cause des tubes qu'il ne faut pas arracher. Je dois être très prudent en tentant de bouger les pieds, de contracter les mollets pour éviter l'ankylose.

— On va s'occuper bientôt de tes jambes, me dit le docteur Bergeron au cours d'un examen quotidien. Tu perds encore trop de liquide, il nous faut prévoir la même opération que pour tes mains.

Je suis certain que cette intervention n'est pas nécessaire. Je refuse de m'y prêter.

— Mes jambes, laissez-les faire, docteur. Elles vont guérir toutes seules.

Le médecin semble impatienté.

— Tes jambes ne peuvent pas guérir toutes seules, voyons! Tu n'es pas fou, tu es capable de comprendre ça, juste à les voir. Celle de droite n'a plus de chair du tout. C'est brûlé jusqu'à l'os.

Les paroles du médecin ne me convainquent pas. Je garde en mémoire celles de l'aumônier à qui j'ai montré mes jambes et qui m'a recommandé de ne pas me faire opérer.

— Tes jambes guériront sans chirurgie, m'a-t-il dit, en me bénissant.

Ma foi est trop grande pour osciller au profit de la médecine. D'ailleurs, l'argumentation se trouve réduite au bon sens; si je peux m'éviter une opération du seul fait que je crois, je serais l'homme le plus bête de la terre de ne pas saisir cette chance. Une anesthésie de moins, ça ne se refuse pas!

Sans fournir d'explication à mon médecin, je lui réitère un refus catégorique.

— En tout cas, on en reparlera plus tard, conclut-il.

Même plus tard, ma décision ne sera pas changée; mes jambes seront alors déjà guéries. Le docteur Bergeron le verra bien malgré lui.

D'ici là, je fais les exercices qu'il me permet: descendre d'abord lentement mes jambes sur le côté du lit pour m'accoutumer peu à peu à cette nouvelle position, puis m'asseoir sur le bord de mon lit.

Évidemment, mon empressement à vouloir marcher me fait trouver cette étape inutile.

— C'est bien trop facile, dis-je au médecin qui surveille ma première tentative.

Toutefois, dès que j'abaisse mes jambes, ça fait comme un arrosoir: la pression sanguine étant très forte, la mince pellicule de peau qui recouvre mes jambes ne résiste pas. Ça gicle!

— C'est assez pour aujourd'hui, ordonne le docteur Bergeron.

Je le pense aussi. Mes jambes piquent tellement que je n'ai pas le goût de prolonger l'expérience. Tranquillement, pas vite, j'y arriverai bien, mais pas de folie.

On s'imagine toujours tellement plus fort qu'on ne l'est en réalité. On ne peut pas tout prévoir. J'en aurai une bonne preuve quand je me mettrai debout pour la première fois et que je perdrai l'équilibre... Je devrai ainsi accepter de faire mes premiers pas soutenu par deux infirmiers. Un tour de lit, une première fois, puis deux tours de lit et ainsi de suite.

Bien que je connaisse la prudence, mon désir de marcher seul n'en demeure pas moins pressant. Et comme les nuits d'insomnie sont longues, cette idée me tracasse suffisamment pour me donner la tentation de me lever seul et de faire quelques pas. Pour ne pas gaspiller de temps.

Aussi, une de ces bonnes nuits, je me risque hors du lit. Quelques secondes seulement et je chancelle. Ma tête vient heurter le lavabo, tandis qu'une de mes mains se déchire sur le petit banc qui me permet de descendre du lit.

Je ne vois pas d'étoiles, mais c'est tout juste.

Le problème, c'est de me relever tout seul! Sans faire appel aux infirmières, car elles ne seront pas très contentes...

Tant bien que mal, je me hisse sur le lit. Mes mains, mon front dont la récente chirurgie n'a pas eu le temps de durcir, saignent généreusement. Je saisis la bouteille d'alcool qui reste en permanence sur ma table de chevet et la vide dans mes mains, puis sur le front en faisant bien attention pour qu'il n'y ait pas une goutte d'alcool qui glisse dans mes yeux.

Ça chauffe «en jériboire»! Mais le sang cesse de couler.

Ensuite, je reste paisiblement allongé sur mon lit jusqu'au matin. Lorsque Sœur Emmanuelle entre dans ma chambre pour son bonjour matinal, elle laisse échapper un cri de terreur.

— Monsieur Boudreault, qu'est-ce que vous avez encore fait, cette nuit?
— Ah! mère, ce n'est rien. J'ai voulu marcher parce

86

que je n'arrivais pas à dormir puis, à bien y penser, je ne suis pas assez solide pour marcher tout seul!

— Je vais aller prévenir le médecin tout de suite.

— Ne vous énervez pas! Tout est guéri, maintenant. Le pire, c'était cette nuit...

— À l'avenir, quand vous voudrez marcher, sonnez! me supplie la religieuse. Vous essaierez tout seul si vous y tenez, mais, au moins, il y aura un infirmier auprès de vous au cas où vous vous sentiriez faible.

— O.K. mère, j'en prends note.

À vrai dire, je m'en tire à bon compte, car les conséquences auraient pu être graves. L'incident m'aura toutefois appris qu'il manque six pouces à ma jambe droite pour qu'elle touche le sol. Je pense que ça me fait plus mal que le reste. C'est en boitant que je ferai dorénavant mes exercices dans le corridor de l'hôpital, encadré de mes deux infirmiers, un pour le sérum et l'autre pour le sang. Ce n'est pas facile à accepter. De plus, pour être à l'abri des curieux, il me faut attendre la nuit. Sœur Emmanuelle m'accompagne, m'encourage.

Le cou tordu, le menton toujours collé contre ma gorge, je pose l'extrémité de mon pied droit, puis l'autre. Le poids de mon corps repose alors sur une jambe dont l'intérieur de la cuisse, soudée au mollet, forme une masse de chair molle que j'allonge avec obstination.

— Je vais y arriver, mère...

Je répète cette phrase des dizaines de fois. Pour me donner encore plus d'énergie. Sœur Emmanuelle sait aussi que je vais y arriver. Le support moral qu'elle me fournit est pour moi très stimulant.

— Il faut que j'apprenne à monter les escaliers, maintenant!

C'est dans le petit escalier, pas bien loin de ma chambre, que je poursuivrai par la suite mes exercices nocturnes. Les progrès sont lents et très douloureux. Mais rien ne me fera abandonner. Je ne manque pas une nuit. Bientôt, je pourrai marcher normalement.

Mon médecin me rappelle la chirurgie qu'il entend faire pour décoller les nerfs de mes jambes, mais je continue à refuser qu'il y touche. Elles guériront avec mes promenades. Avec le temps.

En me rendant visite après une opération, le docteur Bergeron me dit fièrement :

— Je t'ai eu, Yvan. Je t'ai réparé la jambe droite et tu n'as pas eu à y penser à l'avance. Je t'ai mis un morceau de peau dessus. Ça va l'empêcher de couler et tout va guérir...

Je sens la fureur me gagner. Il a osé! Malgré mon interdiction...

— O.K. docteur, dis-je entre les dents. Laissez-moi tout seul.

Le reste de la journée se passe en réflexion. L'aumônier m'avait affirmé que l'opération n'était pas nécessaire, ce n'est pas moi qui ai consenti. On m'a trompé pour la seconde fois! On a attaché ma foi, ma volonté. C'est pire encore.

Quand donc le patient sera-t-il respecté? Dans son corps, dans son esprit?

Au cours de la nuit, j'entreprends d'enlever le pansement sur ma jambe, puis j'arrache le greffon. Une surface d'à peu près un pouce carré résiste à mes doigts qui manquent encore de force. Mais le reste, je le jette par terre, à côté du lit. Puis j'attends le matin et la venue de Sœur Emmanuelle.

En m'apercevant, elle blêmit.

— Qu'est-ce que vous avez fait là?

Elle est vraiment scandalisée, cette fois.

— C'est de la peau que j'avais en trop, mère... Je l'ai jetée par terre. Vous m'excuserez pour le dégât.

Sœur Emmanuelle ne semble pas avoir le goût de rire. Elle court alerter le médecin qui fait irruption dans ma chambre en moins de deux.

— Pourquoi as-tu fait ça? me demande-t-il, apparemment très insulté. Tu ne veux pas guérir?
— Je veux guérir. Je veux marcher. Ça ne fait aucun doute, mais je vous avais dit de ne pas toucher à mes jambes. Je vous avais dit très clairement qu'elles guériraient sans opération!

Le docteur Bergeron semble exaspéré. Moi, je suis, une fois de plus, le rébarbatif, le récalcitrant. Mais tout ce que je revendique, c'est la liberté de mon corps, de ma santé et de mes croyances. D'avoir été brûlé ne fait pas de moi une larve. Une loque humaine. Et j'entends bien faire ce qu'il faut pour qu'on le comprenne et qu'on le respecte.

— Tes jambes ne peuvent pas guérir comme ça... il manque de la peau, répète le médecin, ça coule... Ton entêtement va te faire crever.

Sa sincérité me touche, mais je ne peux pas davantage m'y accorder.

— Ne vous en faites pas, docteur. Elles sont comme guéries, déjà.

Il regarde la plaie ouverte et saignante qu'a laissée la greffe enlevée. Il me dit:

— Il ne se fera pas de miracles ici, à l'hôpital.
— Je ne vous ai pas parlé de miracles, docteur. Mes

jambes vont guérir parce qu'elles sont capables de guérir avec le temps. Vous allez me refaire un pansement et quand ça sera le temps, vous l'ôterez. Vous verrez : elles seront guéries.

Ma confiance est inébranlable. Le médecin comprend que rien ne me fera changer d'avis. Lorsqu'il s'éloigne avec Sœur Emmanuelle, je l'entends confier à sa compagne :

— Ce gars-là, je ne le comprends pas... vraiment, je n'y arrive pas.

Là-dessus, la religieuse réplique :

— Il souffre tellement, docteur, c'est quasiment un martyr !

Que Sœur Emmanuelle croie que je suis un martyr, c'est son droit, mais je n'en suis pas un. Je deviendrais un martyr du jour au lendemain si je me laissais aller... si je ne m'occupais plus de ma santé, de mon équilibre.

Il me semble que j'ai entrepris une sorte de révolution à ma manière. Un long travail de résistance. Ce que je revendique, c'est mon droit à la vie. La responsabilité de mon corps et de mon esprit. Je ne me mêle pas des affaires des autres ; toutefois, quand il s'agit des miennes, j'entends bien m'en occuper seul.

Je souffre dans mon corps, c'est évident. Je souffre peut-être encore plus dans mon amour-propre. Dans mes ambitions anéanties par le feu. Dans mon avenir incertain. Si je ne le montre pas, si je ne me plains pas, c'est qu'il est important pour moi qu'on ne me prenne pas pour un lâche. Qu'on ne regarde pas les peaux mortes sur mon corps comme si je portais la mort en moi. Mais bien qu'on me regarde au-delà de ces plaies. Qu'on touche l'homme que je suis au-delà des apparences. Celui qui a le goût de la vie en tous les points de son cœur et de son corps.

Sœur Emmanuelle et le docteur Bergeron le sentent et m'aident de leur mieux. J'ai besoin de leurs connaissances et de leur habileté pour guérir, mais j'ai aussi besoin de leur compréhension. Si je m'oppose, à l'occasion, à leur volonté, c'est qu'il doit en être ainsi et pas autrement. Comme si je connaissais déjà d'avance tous les imprévus de ma course.

La vie, c'est fait de récifs et de courants marins. Pour suivre son chemin, celui qu'on se trace en toute liberté, il faut que l'homme se connaisse à fond et qu'il reste attentif comme un capitaine consciencieux.

Un simple vent peut entraîner le bateau hors de sa course. Et comme le fond de la mer change continuellement selon les courants, il faut réviser la course régulièrement afin d'éviter un accident malencontreux. Prendre de nouveaux relevés au compas. Il faut être très précis. Un bateau ne se conduit pas au flair.

Un homme qui écoute chaque rythme de son corps, qui calcule et pèse ses besoins, est capable de surmonter tous les obstacles. Il prend sa course et ne peut manquer son objectif.

C'est ainsi que je fonctionne. Et ça, on doit l'accepter. Je n'implique personne d'autre que moi dans mon plan. Si je fais erreur, je me reprendrai. Je corrigerai ma course, mais jamais je ne ferai porter la culpabilité par une autre personne. Je veux être le seul responsable de ce qui m'arrive.

Pour ma guérison, il en va de même. Les traitements qui me sont essentiels, je les accepte parce que je veux guérir. C'est un besoin viscéral.

* * *

Un des traitements très efficaces pour les brûlés, c'est la petite baignade, deux fois par jour, dans un beau violon en acier inoxydable : un « bain tourbillon », comme on le nomme à l'hôpital.

L'eau stérilisée et salée est portée à la température du corps. Des moteurs la remuent et on les fait glisser le long de mes jambes, autour des doigts de ma main. Au début, c'est difficile à supporter, mais on s'y fait. On finit même par s'y trouver très bien.

Grâce au bain, les mauvaises peaux décollent, les plaies se nettoient. La guérison s'accélère. C'est très encourageant.

Immédiatement après la sortie de l'eau, pour prévenir tout risque de pneumonie, on m'enveloppe dans du papier d'aluminium, puis dans des couvertures de laine. Sitôt revenu à ma chambre, je frictionne mes jambes avec de l'alcool pour activer la circulation. Je masse pendant de longues minutes la motte de chair sous mon genou. Ensuite, je verse de l'alcool dans un bol et y fais tremper mes mains pour les assouplir.

Je m'en sortirai à coup sûr. Je n'y laisserai que mes peaux brûlées.

*   *   *

Au cours du mois de décembre, le docteur Bergeron rencontre Suzanne pour lui expliquer mon état de santé.

— La vie de votre mari est sauve. Son appétit est bon. Maintenant, il est capable de subir des greffes plus importantes pour lui remodeler le visage. Ici, à Chicoutimi, nous n'avons pas ce qu'il faut pour la chirurgie plastique dont votre mari a besoin. À Québec, ils sont bien organisés pour ça.

— Je ne connais aucun spécialiste. Pouvez-vous nous en recommander un?

— Il y a le plasticien de l'Hôtel-Dieu de Québec, le docteur Gagnon, qui est excellent. Il est fort apprécié pour son habileté.

— C'est bien correct, répond Suzanne. Je demanderai à ma belle-sœur qui reste à Québec de faire les démarches.

L'idée de changer d'hôpital me fait un peu peur. Pour moi, ça signifie m'habituer à un nouveau mode de traitement, un nouveau personnel, un nouveau médecin. Toutefois, j'ai tellement hâte d'avoir un visage que je ne peux hésiter bien longtemps.

Dès le sept janvier, je suis prêt à quitter l'Hôtel-Dieu de Chicoutimi. Ma chambre est réservée à Québec.

Le docteur Bergeron aurait manifestement préféré que je sois transporté à Québec en ambulance pour ne pas m'épuiser, mais, compte tenu du coût, je ne peux me le permettre.

— Mon beau-frère a une bonne voiture. Je vais m'asseoir en avant. Il n'y aura pas de problèmes.

— Comme tu voudras.

Je fais ramasser mon linge. Suzanne vient me chercher avec Ronaldo, son frère aîné. Le côté paternel de mon beau-frère me sécurise beaucoup. Avec lui, je n'ai rien à craindre. Le voyage sera facile.

Au moment du départ, afin de m'éviter les regards du public, mon médecin me suggère de sortir par l'urgence.

— Oh! non, docteur, je suis entré ici un six octobre par l'urgence, j'étais presque mort. Trois mois plus tard, c'est bien en vie que je quitte l'hôpital et ce sera par la porte des visiteurs.

Ça me fait quelque chose, au fond de moi, de quitter l'Hôtel-Dieu de Chicoutimi. C'est tout de même grâce à son personnel que je suis encore en vie. Sœur Emmanuelle, le docteur Bergeron, l'aumônier... même le gardien qui venait chaque soir, en finissant son travail, prendre de mes nouvelles... C'est toute une famille que je laisse. Ma reconnaissance est grande.

Quand ça fait autant de jours qu'on n'a pas vu la nature et qu'il nous est donné de la voir en un instant, aussi brusquement qu'un courant d'air, ça saisit. Ça transporte.

Je me laisse conduire dans le parc des Laurentides. Tout me semble féérique. La neige sur les arbres, le ciel au-dessus des montagnes... ce sont ces éléments, plus que tout le reste, que j'ai failli perdre. Si j'étais mort, mes yeux n'auraient pu s'éblouir du reflet de la nature, mes poumons n'auraient pu se gonfler de l'air libre du temps.

Comme j'ai bien fait de refuser la mort!

Durant tout le trajet jusqu'à Québec, je ne laisse pas percer ma fatigue. À l'étape, Ronaldo s'arrête pour acheter un café, puis on file. Vers six heures, nous arrivons à l'Hôtel-Dieu de Québec.

J'entre par l'urgence...

L'admission me semble très fastidieuse. Tests d'un bord, tests de l'autre. On n'en finit plus de gémir sur mon sort.

— Ça ne se peut quasiment pas qu'un gars ait la capacité d'endurer ça, se répète-t-on en consultant l'épais dossier que le docteur Bergeron m'a remis au départ de l'Hôtel-Dieu de Chicoutimi.
— Vous ne pourriez pas continuer votre lecture un peu plus tard et me monter dans ma chambre tout de suite? Je n'ai pas soupé et je meurs de faim.

Je n'ai pas eu le temps de prendre un bon dîner. Et depuis, je n'ai rien mangé. Aujourd'hui, il me manque quelques calories. Je me sens faible. Certes, l'épuisement du voyage en est un peu la cause.

— Une dernière prise de sang, puis c'est fini.

On ne me donne pas le choix. Il me faut subir encore cette succion.

Ensuite, on me conduit à ma chambre, au deuxième étage. En apercevant les dimensions réduites de la pièce où il me faudra passer bien des semaines, je sens le dépit me gagner. J'ai peur d'y manquer d'air.

C'est étroit. Ma gorge est serrée, mon corps est étranglé. J'essaie de me convaincre que ce ne sera pas pour longtemps, mais ce n'est pas plus rassurant.

D'ailleurs, la chambre n'est qu'un prétexte pour justifier l'angoisse qui m'assaille. Ce qui m'inquiète, en fait, c'est la journée de demain. La rencontre avec mes voisins de chambre, mon spécialiste, le personnel qui s'occupera de moi. Comment me sentirais-je face à eux? Avec eux? Quelle sera leur réaction en me dévisageant?

J'appréhende le lendemain, moi qui ai coutume de ne me soucier que du jour présent... Ce n'est pas correct! Il me faut surmonter mes craintes.

Une infirmière vient m'apporter mon souper à neuf heures du soir: des petits biscuits et du thé! Je ne dis rien et reste assis dans le fauteuil près du lit.

— On va vous installer comme il faut, monsieur Boudreault. Vous allez vous coucher; vous serez mieux pour vous reposer du voyage.

Me reposer? Elle ne devine pas tout ce à quoi il me faut penser pour me préparer à demain!

— Couché, je ne dors pas bien. Et puis, je n'ai pas le goût d'être immobilisé sur un lit tout de suite.

J'ai vraiment l'impression que si je me couche, mes bras et mes jambes vont continuer de bouger malgré ma volonté. Mieux vaut alors demeurer debout ou assis.

— Je vais vous apporter une petite pilule, me propose l'infirmière avec gentillesse. Vous allez voir qu'avec ça vous allez dormir paisiblement toute la nuit.
— Quelle sorte de pilule?
— Quelque chose de terriblement fort!

Ça ne me convainc pas davantage.

— Pilule à Québec ou pilule à Chicoutimi, c'est du pareil au même. Il n'y a pas un médicament capable de m'assommer pour la nuit. Je ne vois pas pourquoi ça serait mieux dans cet hôpital-ci. Je commence à en avoir plein mon «casse» des médicaments!

L'infirmière semble se demander à quel énergumène elle a affaire.

— Vous ferez comme vous voudrez. Si vous ne voulez pas en prendre, c'est votre droit. Mais, de toute manière, vous devez garder la chambre.
— O.K. Ne vous inquiétez pas! Je ne dérangerai pas l'étage endormi.

Cette jeune personne commence à m'impatienter. Ma journée a été longue et vraiment épuisante, j'ai toujours l'estomac dans les talons, mais ça, il me faut l'oublier jusqu'à demain. Et je ne m'endors pas du tout.

Au bout d'une heure, l'infirmière revient prendre de mes nouvelles. Je lui réponds que tout va bien.

— Dans quelques heures, le jour va prendre, ce sera une nouvelle journée. Faut vivre vingt-quatre heures à la fois. Pas plus.

C'est bien ce qu'il me faut faire. L'infirmière semble me comprendre un peu mieux. Elle continue de me parler quelques instants.

— Demain matin, on va vous peser. Vous n'avez pas l'air d'être gras.

— Non je ne suis pas gras. Mon poids normal, c'est 140; à l'heure actuelle, je dois être à 105.

— On va surveiller ça de près. D'ici là, essayez tout de même de vous reposer un peu.

— Oui... oui... bonne nuit, garde!

Cette fois, c'est vrai. L'infirmière referme la porte sur ma solitude. Elle m'abandonne à mon service de nuit. À ma veille. C'est dur de n'avoir personne auprès de soi dans un moment pareil. Dans un lieu aussi sévère qu'une chambre d'hôpital. Dans une ville qui n'est pas la sienne.

Un sentiment d'étrangeté se répand en moi. Je me sens dans l'insécurité la plus totale. Comme sur un bateau, la nuit, quand une tempête menace à l'horizon.

On ferme peut-être un œil, mais l'autre reste aux aguets. Quand on navigue, on prend le risque comme une condition de vie. On apprend à vivre avec le danger parce qu'on ne peut pas se passer de la mer.

*   *   *

Après chaque saison de navigation, j'ai entendu tant de fois les capitaines des *pines* promettre de ne pas s'embarquer au printemps suivant. Pourtant, quand le mois de mars arrive, la mer rappelle ses ouailles. Les marins ont de nouveau la « crampe ». Le mal de la mer... l'appel. Alors, ils reprennent le large, oubliant toutes les mésaventures de l'année précédente. C'est une drogue.

97

Personne n'y échappe. Et plus les navigateurs affrontent des difficultés, plus ils se raccrochent à leur métier. Cette ténacité devient très souvent de la témérité et est la cause de plusieurs naufrages, de plusieurs noyades. Mais quand on a ce feu sacré, quand on sent cette soif, on comprend que ça ne se freine pas, que ça ne se raisonne pas. La mort est souvent la pierre d'achoppement de ces loups de mer.

Juste à voir le cortège des goélettes qui sortaient de la cale sèche, après la fonte des glaces sur le fleuve, on réalisait toute la force de cet instinct. Les goélettes partaient de Maillard ou de Tadoussac à la file indienne et venaient jeter l'ancre devant l'Île-aux-Coudres pour saluer, une dernière fois, les femmes et les enfants qui restaient à terre jusqu'à l'automne, à attendre le retour des hommes.

Le curé montait à bord de la plus grosse goélette et bénissait toutes les embarcations. Une messe était ensuite célébrée en plein air, au bout du quai. C'était très beau.

Quand on célébrait les rogations, une messe pour que la récolte soit bonne, c'était aussi une belle cérémonie, mais elle n'avait pas l'ampleur de la messe des navigateurs. Il n'y avait qu'à entendre le «Ite missa est» du prêtre, semblable à un murmure d'adieu et les frissons nous couraient dans le dos.

— Si on ne vous revoit pas, cet automne...

Les femmes pleuraient. Ma tante était des leurs; ses six hommes s'en allaient pour la saison. Lorsqu'elle revenait à la maison, elle réglait la radio sur la fréquence des bateaux. Vingt-quatre heures par jour, et ce, jusqu'à la fin de la saison. Elle recevait la voix de ses hommes à bord des *pines* sans toutefois pouvoir communiquer avec eux. C'étaient de très longs mois pour les femmes et leurs enfants.

* * *

— Comment ça va? s'informe un infirmier qui vient d'entrer dans la chambre.

— Ça va bien, lui dis-je en sortant de mes rêves.

— Vous ne changez pas d'avis pour le somnifère?

— Quand bien même j'en prendrais un, je ne dormirais pas. Ça m'énerverait!

— Dans ce cas-là, si vous avez le goût de vous dégourdir un peu, promenez-vous dans le corridor... Au moins, ça vous détendra.

L'invitation me ravit. Quelques pas dans le corridor, même sans faire de bruit, ça change les idées. Ça fait du bien car, à l'hôpital, il n'y a pas moyen de jouer avec le temps, comme je le faisais souvent avec Fernand. Quand j'étais seul dans la timonerie, j'avançais l'horloge d'une heure, Fernand se faisait toujours prendre. Il me relevait de mon quart, puis au moment de me demander de reprendre la route, je lui disais:

— Mais non, il n'est que trois heures; l'horloge de la *wheel-house* a une heure d'avance. C'est encore mon *break*.

Alors, je pouvais prolonger mon sommeil dans ma cabine...

Ici, il n'en est vraiment pas question.

Au matin, tous les malades, comme je l'avais soupçonné, déambulent dans le corridor et jettent un œil furtif dans la chambre du grand brûlé arrivé, au cours de la soirée, de Chicoutimi. Un étage d'hôpital, c'est tout un village! On y fait aussi des commérages...

Bien que ce soit pénible, je soutiens tous les regards. Je réponds aux principales questions. À mon grand soulagement, on ne fait pas beaucoup de remarques. La plupart préfèrent ne rien dire.

Je reprends confiance. Ça devrait bien aller dans cet

hôpital. Je me sens accepté. La pipe entre les dents — une idée originale de Suzanne pour me faire passer le temps —, je retrouve mes aises. Évidemment, je ne fais que de la fumée, car je n'aspire pas du tout le tabac. Mais Suzanne a eu raison; ça m'occupe et ça m'aide à me donner une certaine contenance.

Le docteur Gagnon se présente de très bonne heure dans ma chambre. Avec lui, il n'y a pas de préambule inutile, pas de perte de temps en placotage. Il dit ce qu'il doit dire, fait ce qu'il doit faire.

— On va vous faire passer des tests, ensuite on pourra vous faire de la chirurgie.
— Le plus vite possible, docteur.
— Qu'est-ce que vous voulez dire?
— J'ai des yeux, mais pas de paupières. Je crains pour la cornée de mon œil.
— Alors, on commencera par là. Vous allez prendre un ou deux jours pour vous remettre du voyage et, après ça, on vous opère.

L'attitude de mon nouveau chirurgien me convient à merveille. Il semble très consciencieux. Je peux espérer avoir bientôt un visage.

Chapitre 5

La stature du docteur Gagnon m'impressionne. Son calme et son air réservé contribuent à augmenter ma confiance. Avant de refaire mes paupières, il vient m'expliquer les grandes lignes de l'opération et écouter ce que j'ai à dire. Je me sens pris en considération. J'ai l'impression d'être bien plus qu'un cas parmi d'autres. Devant mon chirurgien, je retrouve mon identité. Il me sort de mon anonymat. C'est encourageant.

Le greffon de peau pour les paupières sera pris sur la face interne du bras. Ça ne devrait pas être trop douloureux à cet endroit. Je me souviens de la désagréable surprise à mon réveil, après qu'on eut prélevé un greffon sur mon ventre. Je n'étais plus capable de bouger! Plus capable de rien! À l'intérieur du bras, ce sera beaucoup plus simple.

— Allez-vous refaire les deux yeux en même temps? demandé-je à mon spécialiste.
— Si je suis obligé de vous fermer les yeux, alors je ne referai qu'une paupière à la fois. Parce que si l'œil reste ouvert, la peau vieillit trop vite, elle rapetisse et ce n'est pas

souhaitable. C'est toujours préférable que ce soit attaché un certain temps. À bien y penser, c'est ce que je vais faire. Vous refaire une paupière, puis fermer l'œil. L'opération sera mieux réussie.

— Docteur, ce sera trop long. Je voudrais que vous me fermiez les deux yeux pour gagner un peu de temps. J'ai tellement d'autres chirurgies à me faire faire.

Le chirurgien comprend mon impatience, mais redoute certaines contraintes.

— Vous ne verrez plus du tout.
— Je m'arrangerai pour me débrouiller. Ne vous en faites pas pour moi.
— Comme vous voulez.

Avec lui, c'est si facile de me faire écouter. Je n'ai même pas à me débattre. Je n'arrive pas tout à fait à le croire.

L'opération est prévue pour demain. Je dispose d'une seule journée pour me préparer à mon état d'aveugle. Aussi, seul dans ma chambre, un bandeau sur les yeux, je compte mes pas pour aller au lavabo, pour sortir de la chambre, pour aller aux toilettes. Je tente de les mémoriser avec acharnement.

L'effort que cela me demande est du même ordre que celui que j'avais fourni à l'École de Marine pour apprendre par cœur les règles de route maritime et les devoirs d'un capitaine! Ce qu'il fallait faire en cas de maladie ou de mort n'était pas ennuyeux à mémoriser. Mais pour les règles de la route qui étaient décrites en long et en large dans deux cahiers épais comme des dictionnaires, là, ça n'allait plus. Je me disais qu'il y avait trop de détails inutiles dans toutes ces lignes pour que je les mémorise et que ça me rende vraiment service. Le jour où je resterais pris sur la rivière de Montréal, je ne sortirais tout de même pas mon cahier pour trouver la solution à mon problème... C'était un tel fouillis! Pour naviguer, il ne me fallait que le strict nécessaire.

Je me rendis donc à la librairie Garneau et me procurai un paquet de fiches de deux pouces sur trois. De retour dans ma chambre, je dessinai sur une face de la carte un bateau et la leçon qu'il me fallait apprendre. Telle lumière, telle bouée, etc. Je me préparai de la sorte un très beau jeu de cartes.

Partout où j'allais, j'emportais mon jeu de cartes dans mes poches. Même en autobus, je pouvais apprendre mes règles de route sans avoir l'air fou puisque je n'avais pas de livres dans les mains, dans le genre intellectuel — ce qui ne m'allait vraiment pas du tout —, mais simplement des cartes que je retournais pour vérifier la réponse.

À l'examen, évidemment, je savais mes règles par cœur, mais juste l'essentiel; aucune théorie pour déranger ma mémoire. Le professeur, un peu surpris de la sobriété de mes réponses, me demanda ma méthode. Je lui montrai mon jeu de cartes.

— L'affaire est bonne! me confia spontanément mon professeur. Je n'ai jamais vu ça. Pour un petit gars sans instruction, tu te débrouilles...

Il voulut garder mon jeu de cartes, mais je préférais en conserver l'exclusivité. Il suffisait d'y penser!

Quand on ne veut pas rester mal pris, très souvent un minimum d'efforts est requis. C'est ainsi que je pense affronter l'opération de mes paupières. Je me suis forcé à mémoriser ce qui me sera essentiel. Je suis confiant que ça fonctionnera. Ce n'est que pour les repas que je demanderai l'aide d'une infirmière. Je me suis essayé, le bandeau sur les yeux, et ce n'est vraiment pas commode de piquer les aliments avec une fourchette. Il faut estimer la distance de l'assiette à la bouche... Cette difficulté requiert trop de concentration. Je préfère monopoliser mon énergie sur mes déplacements et ma récupération. Pour quinze jours, c'est déjà un bon rendement.

Juste avant l'opération, on me fait, sous anesthésie locale, une incision dans la gorge par laquelle on descend un tube. J'ai l'impression d'être un pneu qui se dégonfle car, au moment où on m'incise la trachée, ça fait sh.. sh.. sh.. Alors là, je me mets à courir après mon air!

Les premières secondes sont terrifiantes.

Le médecin m'explique avec patience comment respirer avec le tube :

— Vous allez vous habituer, vous allez voir.

Évidemment, je vais m'habituer! Je n'ai pas le choix!

Je bouche le trou avec mon doigt... Après plusieurs tentatives sous la surveillance du médecin, je finis par y parvenir. Je respire aussi normalement que la chose m'est possible avec un tube...

Mon séjour dans le noir est plus pénible que je ne l'avais estimé. Il y a toujours cette nécessité de dépendre des autres : même si on se déplace seul, les autres nous surveillent, nous aident à nous laver, par exemple. Ça m'agace. La «trachéo» aussi!

De surcroît, je me suis trompé sur l'évaluation de la douleur dans le bras : ce n'est pas plus tolérable que sur le ventre. C'est une plaie de plus. Une de trop!

La quinzaine passe fort lentement. En m'enlevant les pansements, le docteur Gagnon se montre satisfait de son opération, mais me prévient que ce bout de paupière ne sera pas suffisant.

— Vous n'en aviez plus du tout. Je vous ai fait une fondation. C'est ce qui était important. Les prochaines fois que je grefferai d'autres bouts de peau à vos paupières, ce ne sera pas nécessaire de vous fermer les yeux.

— Vous me rassurez!

Vraiment les dernières paroles du chirurgien me soulagent. Devenir aveugle à nouveau, ça ne me sourit guère.

— On est prêt à vous faire un dessus de gorge. Il faut que je vous décolle tout à fait le menton avant de vous refaire les lèvres. Êtes-vous d'accord?

Je suis d'accord pour que ça aille vite. L'hospitalisation commence à me paraître longue. Suzanne vient me visiter chaque soir, Yolande passe toutes ses journées dans ma chambre quand je subis une opération. Ça occasionne beaucoup de dérangement. C'est ennuyeux.

La greffe cutanée qu'on doit me faire au cou est une opération délicate, m'a dit le docteur Gagnon. Il faut étirer le cou. Dans mon cas, tout se déroule normalement. On m'endort à huit heures du matin et on me ramène à quatre heures de l'après-midi, dans ma chambre. Le médecin se montre satisfait.

— Il faut espérer que ça ne décollera pas, me dit-il.

J'ai confiance pour ma part, malgré le fait que je vois passablement d'étoiles... Je me sens réellement plus faible que lors des autres opérations.

Yolande monte la garde à côté de moi. Inquiète de la décoloration de mon visage, elle s'approche pour m'examiner de plus près. Elle soulève la couverture de laine et aperçoit le sang qui coule sous mon pansement. Sans perdre de temps, elle demande à une infirmière de venir m'examiner. Celle-ci constate l'hémorragie et appelle d'urgence le docteur Gagnon.

On me remonte en salle d'opération.

— Il y a un coin de la chirurgie qui est décollé. Il va

falloir que je vous endorme de nouveau pour aller le recoller, m'explique le plasticien.

Mais je suis si faible que je ne m'arrête à rien, «au point où j'en suis»...

Au petit matin, je me réveille dans ma chambre. Tout semble sous contrôle. Pour une seule greffe, ça m'aura fait toute une journée en salle d'opération! Maintenant, il faut que je trouve le moyen de récupérer. Je me sens trop affaibli.

Au cours de l'avant-midi, je demande la permission de me lever pour aller aux toilettes.

— On va y aller tous les deux, me suggère un infirmier.
— Je vais y aller seul. Si ça ne va pas, je sonnerai.

Mon orgueil l'emporte encore sur ma faiblesse. Il va sans dire, toutefois, que mes pas dans le corridor sont très hésitants. Même que tout se met à tournoyer! Il faut que je m'appuie contre le mur.

Parce que ma tête ne veut pas s'arrêter de partir en arrière, je suis forcé de m'asseoir sur la cuvette et d'appeler l'infirmier.

— Si tu ne vas pas chercher mon cognac dans ma chambre, lui dis-je, je ne serai pas bon pour m'en retourner.

L'infirmier semble quelque peu embêté.

— Va chercher mon *speed*! Ça presse. Après, je serai bon pour revenir à la chambre tout seul.

Il revient avec un bon verre à eau, rempli de cognac pur. Je l'avale d'un trait. Ma tête arrête net d'osciller.

106

— Je me sens maintenant bien d'aplomb, dis-je à l'infirmier en me levant et en me dirigeant vers ma chambre.

Une fois échoué dans mon lit, je promets à l'infirmier de ne plus bouger de la journée.

— Je ne sortirai plus de la chambre, tu n'auras pas à te fatiguer pour moi.

Mon épuisement est réel : je n'ai plus du tout le goût de me relever. Tout ce que je souhaite, c'est de passer la journée sous les couvertures. Sans manger. Je n'ai pas faim.

— Comment ça se fait qu'à Chicoutimi vous avez subi beaucoup d'opérations et que tout allait bien, alors qu'ici ça ne fait que deux opérations et vous faites une hémorragie?...

Le docteur Gagnon semble vraiment inquiet de ma faiblesse.

— Je suis trop maigre, docteur. À Chicoutimi, en bas de cent livres, on ne m'opérait pas.
— Si c'est le cas, on va vous accorder de petites vacances. Vous allez sortir d'ici quelques jours et vous reposer un mois. Ensuite, on reprendra les greffes.

Le congé me sourit. Ça me changera un peu les idées. Je tente de voir avec Suzanne l'endroit où je devrais me rendre pour ces petites vacances. Il y a la possibilité d'aller à l'Anse-Saint-Jean, chez mes beaux-parents, mais ça ne semble pas plaire au chirurgien qui trouve le voyage trop long. L'autre endroit qui reste, c'est l'Île-aux-Coudres. La maison de mon père adoptif qui est venu me voir et qui m'a chaleureusement invité. Mon oncle Théodore s'est même offert à venir me chercher lui-même au sortir de l'hôpital. Cette solution semble à la limite de ce que permet le docteur Gagnon.

Alors, c'est décidé! Ce sera l'Île. Suzanne pourra aller visiter sa sœur Rosanne qui y demeure encore. Le départ se fera le neuf février.

En prévision du voyage, je demande à Suzanne de m'acheter des lunettes fumées. Moi qui ai toujours détesté ce genre de «béquille»... Mais si je ne veux pas qu'on s'évanouisse dès qu'on m'apercevra, il me faut cacher au moins ce coin de mon visage. Derrière mes lunettes fumées, je verrai peut-être le monde différemment...

La perspective de ce répit m'aide à recouvrer quelques forces. En attendant mon départ, je me divertis un peu. Je me promène dans le corridor et taquine la petite sœur de l'étage.

J'ai trouvé le moyen de détacher, sans que ça paraisse, le cordon qui retient le tube à ma gorge. En prenant une bonne inspiration puis en expirant, la canule en argent qui se trouve dans le tube de trois quarts de pouce va alors résonner bruyamment sur le terrazzo. À tout coup, j'entends la religieuse accourir derrière moi: «Monsieur Boudreault!» Je fais mine de ne pas l'entendre et d'ignorer la fonction de cette canule, même si ce n'est pas bien compliqué puisque c'est un filtreur à air: il empêche les cochonneries de passer. C'est fort simple. Aussi, pour énerver un peu la religieuse, je me penche pour ramasser l'objet perdu. Du coin de mon pyjama, je l'essuie et me dispose à le remettre dans le trou.

— Ne faites pas ça, crie une voix derrière mon dos. Les microbes, monsieur, les microbes...

Je trouve ça bien amusant. Le temps passe ainsi plus rapidement. Tandis que la religieuse m'apporte un nouveau tube, je me confonds en excuses.

— Le nœud se détache tout seul, je ne comprends vraiment pas...

À voir le visage de la sœur, je sais qu'elle me soupçonne, parce que l'incident se reproduit deux ou trois fois par jour... C'est étonnant! Avec mon nouveau tube, je regagne ma chambre bien sagement, la pipe entre les dents. De temps en temps, je me pince le nez et fais sortir ma fumée par le trou trachéal. C'est très spécial...

La veille de mon départ, le docteur Gagnon me prévient qu'il doit m'embarquer sur la table d'opération pour boucher le trou de ma gorge. Étant donné que j'ai une «trachéo» depuis plusieurs semaines, il commence à être urgent de l'enlever.

— Ce ne sera pas nécessaire, dis-je au chirurgien. Le trou va se boucher tout seul.
— Demain matin, on va le refermer. Ce ne sera pas long.

Le spécialiste n'oppose plus aucun argument et me laisse seul dans ma chambre. En fin d'après-midi, après avoir tiré sur la canule, je demande à un infirmier de me faire un pansement.

— Vous n'avez pas le droit de faire ça... s'exclame le jeune homme.
— J'ai le droit de faire ce que je veux avec mon corps! L'affaire d'aller sur la table d'opération demain, ça ne me dit rien. Fais-moi un pansement là-dessus.

Je frotte la peau autour de l'ouverture pendant quelques secondes pour la ramollir. Ça la réchauffe comme on fait avec de la pâte à modeler. Ensuite, l'infirmier, bien que ce soit contre son gré, me fait un ravissant pansement sur le trou.

Vers les huit heures, le matin de mon congé, on vient me chercher pour me conduire à la salle d'opération. Je renvoie les infirmiers : je suis tout habillé et prêt à prendre quelques semaines de vacances.

Le docteur Gagnon examine mon trou.

— Tout est parfait. Vous vous êtes épargné une anesthésie. Vous pouvez partir.

La pipe aux lèvres, les lunettes fumées encadrant le haut de mon visage, je pars en boitant pour l'Île-aux-Coudres, l'endroit où je suis né... dans une peau qui a été brûlée, dans un sang qui a été remplacé... Que me reste-t-il vraiment de mon hérédité?

Pourtant je ne suis pas né sur une roche. Non, j'ai une mère qui souffre en silence, mais avec qui je ne partage rien; j'ai une famille adoptive qui m'accueille, mais chez qui je ne suis pas à l'aise. Et que je viens voir en visite... en convalescence... Ça me remplit d'angoisse, tout au long du voyage qui dure deux jours.

Les glaces sur le fleuve sont vigoureusement entassées. Tout le paysage paraît figé dans le temps. L'île semble inerte et inaccessible. Est-ce bien l'endroit où je dois me rendre?

Mes cousins m'accueillent avec chaleur. On me soigne bien. Ma tante fait l'impossible pour bien me faire manger, mais, comme par le passé, toutes ces attentions me gênent. J'ai l'impression de tellement déranger que je ne parviens pas à me reposer. Surtout que la nouvelle de ma présence dans la maison du capitaine a fait le tour de l'Île et que toute la population a commencé à défiler devant moi.

Je suis devenu l'attraction de l'Île!

On est bien content d'avoir du nouveau à se dire. Partout, sur l'Île, on parle de Blanchon qui a été brûlé... qui est défiguré. C'est insoutenable. Après quinze jours, je n'en peux plus. Je demande ma chambre à l'hôpital.

Je préfère revenir là où on me prend tel que je suis, plutôt que de demeurer là où on ne fait que pleurer sur celui que j'étais. Sur cet homme qu'on connaissait et qu'on

110

ne peut plus reconnaître. Pourtant, c'est toujours moi, Blanchon...

La carapace doit être très solide pour affronter la vérité. L'innocence des gens, leur inconscience pourraient me détruire si je n'y prenais garde. Si je me rendais vulnérable. C'est en me disant que l'Île-aux-Coudres n'est plus ma place que je la quitte avec soulagement. Je n'ai pas le droit d'imposer mon état aux autres. J'ai ma part de misère, c'est à moi de l'assumer. Chacun pour soi et que le plus fort gagne! Ça semble une règle intransigeante, mais pour survivre dans la jungle il faut se battre. Autrement, on se fait dévorer prestement.

C'est un peu ce qui se trame dans ma tête en rentrant à Québec. Je dois rester quelque temps chez ma belle-sœur Raymonde, jusqu'à ce que j'obtienne ma chambre à l'hôpital. Les six jours passés en compagnie de Suzanne me reposent plus que mes deux semaines sur l'Île. Je mange bien, je fais une promenade chaque soir. Je me sens plus calme et vois le jour de la naissance de mon fils approcher de plus en plus.

À mon retour à l'hôpital pendant l'examen d'admission, on constate que mon poids a augmenté de vingt livres et que ma greffe du cou est cicatrisée. Le docteur Gagnon est ravi de mon état.

Je me sens disposé à subir de nouvelles opérations.

— J'en ai huit ou neuf à vous faire. On commencera par la lèvre supérieure...

Je suis grassement servi!

Mais je n'ai qu'à penser au seize mai qui s'en vient, à ce visage de nouveau-né, et tout me semble plus facile, plus court.

Ce qui m'aide aussi beaucoup, c'est que je me suis fait de bons copains à l'hôpital parmi les «permanents» comme moi; l'un vient de St-Siméon, l'autre de Trois-Rivières. On a beaucoup de plaisir ensemble.

La religieuse nous a confié différentes responsabilités, comme celle d'arroser les plantes de l'étage. Il m'arrive de temps en temps de revitaliser la terre de ces jolies plantes avec des bouts de cigare qui traînent dans les cendriers... Je ne comprends toujours pas pourquoi, le lendemain, elle ne se tiennent plus droites...

Mon sens de l'humour n'est pas toujours apprécié. C'est dommage. S'il y a un endroit où il faut se dérider de temps à autre, c'est bien l'hôpital. Comment se rétablir dans un climat tendu ou tragique?

Ce n'est pas possible.

Rire, ça ne fait pas mal et ça fait même oublier son mal! Les semaines passent rapidement quand on y met un peu de fantaisie. Je me retrouve ainsi à la fin d'avril avec un second congé. Cette fois, jusqu'à l'automne. Quatre mois de répit. Je les ai bien mérités.

Ma convalescence se fera à l'Anse-Saint-Jean, dans la maison des Fortin. Je crains de les importuner avec mes caprices de malade, mais je n'ai vraiment pas d'autre endroit où aller. Je n'ai pas de revenus, je ne travaillerai pas avant fort longtemps, je dois accepter la générosité de mes beaux-parents et faire en sorte qu'elle ne soit pas dispensée malencontreusement. Je devrai leur montrer ma gratitude, tâcher de ne pas prendre trop de place dans la maison.

Ce n'est vraiment pas facile de se laisser aimer aussi démesurément. On a l'impression d'avoir une grosse dette envers les autres et qu'on n'arrivera jamais à la rembourser. Et ça excède drôlement le côté financier.

Sur les bords du Saguenay, en ce début de printemps de 1963, j'ose esquisser un avenir. D'ici quelques années, je remonterai à bord des bateaux. Je naviguerai à nouveau et ferai vivre ma femme et mon enfant. Il suffit de peu pour que l'espoir soit une réalité. D'un peu de temps...

Qu'on me donne ce temps et je prouverai que j'ai du cœur au ventre!

* * *

Dans la nuit du seize mai, Suzanne commence à avoir des douleurs. Le médecin vient l'examiner et décide de la conduire sans perdre un instant à Chicoutimi. Le travail semble avancé.

C'est la course dans toute la maison. Les préparatifs de dernière minute. Puis on grimpe dans la voiture du médecin. Je m'installe à l'avant, à droite de Suzanne, toute fiévreuse dans sa robe de chambre et ses pantoufles. Elle est trop souffrante pour qu'on ait pris le temps de l'habiller.

Le médecin s'engage à vive allure sur la route montagneuse qui mène à Chicoutimi. Cinquante milles à parcourir avec une femme sur le point d'accoucher, il n'y a pas de temps à perdre.

Cent cinq milles à l'heure sur le boulevard Talbot, puis, soudain, le moteur s'immobilise. LA PANNE D'ES-SENCE! C'est la crème sur le gâteau! Ça, vraiment, ce n'était pas prévu au programme.

Par une nuit aussi froide et aussi vilaine — des grêlons nous tombent dessus avec acharnement —, quand il y a une personne malade dans une voiture sans essence, il n'existe pas trente-six solutions. Il faut de l'aide, et rapidement. Sur la chaussée délavée, je m'installe avec le médecin pour faire de l'auto-stop. Plus justement, disons qu'on agite les bras avec assez d'ampleur pour faire s'arrêter la première voiture qui se dirige vers nous.

Une *Cadillac* blanche s'immobilise doucement. Le médecin explique au conducteur notre situation.

— Montez, dit-il sans hésiter, on va se rendre à Chicoutimi et ça ne sera pas long.

Nous montons dans la luxueuse voiture et, en quelques minutes, nous sommes arrivés à Chicoutimi. Décidément pour se rendre à cet hôpital, il faut des bons Samaritains...

L'accouchement se fait. L'enfant vient au monde en excellente santé. Sept livres et trois onces. Et c'est un garçon!

Suzanne m'a donné un fils. Je suis père. Je suis fou de joie. Toutes mes souffrances valent cet instant de bonheur. En tenant la main de ma femme, je ne puis que remercier Dieu de m'avoir laissé la vie et de me faire connaître cette profonde joie.

Comme j'ai eu raison de ne pas me laisser aller au découragement! Il y a toujours un lendemain, un soleil qui se lève après chaque nuit. Sans notre intervention. Sans qu'on y soit pour rien. Le superviseur, c'est Dieu. C'est le Créateur. Il est tellement plus simple de s'en remettre à lui, à sa volonté. Après tout, c'est lui qui détient les secrets de la vie.

Après une grossesse difficile comme celle qu'a connue Suzanne, Marco aurait pu ne pas naître. À cause de tous ces tourments, de toutes ces larmes, l'enfant aurait pu ne pas être normal. Pourtant, parce que Dieu l'a voulu, il est là, notre fils, bien vigoureux.

Nous ne sommes plus seulement des époux, Suzanne

et moi. Nous sommes devenus des parents. C'est une tout autre responsabilité et une tout autre fierté.

Je sais, pour avoir été privé de l'amour de mon père et de la présence de ma mère, ce que signifient ces rôles. Ce qu'apportent un père et une mère à leur enfant ne peut être remplacé. Ou l'enfant le reçoit, ou il en est privé. Le comportement qu'il aura plus tard en sera la conséquence. Les parents écartent souvent trop facilement leurs obligations.

Et qu'on ne vienne pas me dire que je gâte mon fils avec les attentions que je lui accorderai, je n'en démordrai pas ! Tant et aussi longtemps que je vivrai, ce sera pour lui. Et si j'en ai d'autres, il en sera de même. On n'est pas parent du seul fait de donner naissance à un enfant. C'est beaucoup plus exigeant que ça. Il faut aussi l'aider à grandir. À gagner son autonomie.

Le parrain de Marco est choisi depuis plusieurs mois. Suzanne partage aussi mon choix : nul autre que Fernand ne mérite de porter ce titre. Mon frère a tant fait pour moi depuis mon accident. Je lui demande d'être responsable de mon fils.

Mon beau-père étant sérieusement malade, nous ne pouvons nous installer avec notre bébé à l'Anse-Saint-Jean. Cela aurait été beaucoup trop épuisant pour lui.

Nous choisissons de nous installer à Petit-Saguenay, chez la sœur de Suzanne qui a quatre enfants. Pour les deux premiers mois de Marco, ce sera mieux ainsi.

*   *   *

Comme je passe la plupart de mes nuits sans dormir depuis que je suis sorti de l'hôpital, je donne le biberon de nuit à mon fils. J'aime beaucoup ces moments où je le serre

115

contre moi. Durant la journée, j'amuse les quatre enfants de ma belle-sœur pour la soulager un peu. Il faut bien payer en services quand on ne peut le faire en argent.

Quand la santé de Suzanne s'améliore, nous retournons à l'Anse-Saint-Jean passer le reste de l'été. Les gens du village m'accueillent chaleureusement. On vient, chaque jour, prendre de mes nouvelles; des jeunes garçons viennent me chercher pour aller à la pêche. Je me sens tout à fait accepté. Je n'ai pas l'impression d'être épié, quand je me promène en direction du quai.

Personne ne se moque de moi. C'est un lieu privilégié pour ma convalescence. Et ce foyer qui me reçoit avec mon enfant, ce premier véritable foyer de ma vie, ne pourra se remplacer dans mon cœur. Ce que la famille Fortin fait pour moi est unique. Je tente, comme je le peux, de démontrer ma reconnaissance en leur rendant quelques services, en bricolage, en entretien, mais je leur devrai toujours plus que je ne leur rendrai.

Avec ma femme et mon enfant, je me sens bien. On fait des pique-niques; on profite des belles journées de soleil pour se baigner dans l'eau salée. Excellent traitement, d'ailleurs, pour une peau de brûlé.

La première fois que je suis entré dans l'eau, on aurait dit qu'on me passait un courant électrique à travers tout le corps. J'en suis ressorti aussi vite que j'y étais entré. Mes jambes me faisaient terriblement mal quand l'eau salée glissait sur elles. Mais je m'y suis habitué et j'ai fini par être capable de la tolérer jusqu'à la ceinture, jusqu'aux cicatrices que j'ai sur le ventre. Un peu plus tard, parce que je connais l'effet bénéfique de cette eau pour ma peau, j'ai décidé de me tremper tout d'un coup.

Grâce à ce traitement, ma peau sèche rapidement. Je ne le regrette pas. Si je n'avais pas de démangeaisons, tout irait pour le mieux. Mais il y a les démangeaisons!

116

À l'hôpital, on me donnait des médicaments pour combattre le tourment, mais à l'Anse-Saint-Jean, je n'en ai pas. Et pourtant, ça démange bien plus... À en devenir fou de rage! Je profite du soir, alors que tous les occupants de la maison sont bien endormis, pour me gratter jusqu'au sang. Comme les démangeaisons augmentent avec ma peau qui sèche de plus en plus, je décide de passer en cachette chez le marchand général pour m'acheter une brosse en acier, dans l'espoir que les poils seront assez raides pour me soulager.

La nuit venue, je saisis l'instrument de torture. Le feu par le feu, me disait-on à l'hôpital. Je me souviens de la leçon. Alors, frottons jusqu'à ce que le feu de mes démangeaisons s'apaise!

À l'intérieur de mes jambes, le sang gicle, mais comme ça fait du bien! Quelques instants seulement car, dès que j'arrête de frotter, les démangeaisons reprennent de plus belle. J'imbibe un linge d'alcool à friction et en étends sur les plaies vives. Le sang cesse de couler. La démangeaison est réprimée pour vingt-quatre heures au moins. Je pourrai passer le jour sans trop me gratter. La nuit prochaine, je recommencerai mon traitement...

Toutefois, à force de ne pas dormir comme les autres durant la nuit, je commence à devenir très irritable. Je consulte le médecin du village qui me fournit normalement les médicaments dont mon système a encore besoin.

— Il me faut des pilules pour dormir, lui dis-je. Je suis épuisé de ne pas dormir.
— C'est ton affaire, Boudreault, mais si tu continues à en prendre, tu vas passer le reste de ta vie sur les pilules. Une pour les nerfs, une contre la douleur, une pour dormir...
— C'est juste pour un bout de temps. Je finirai bien par me replacer.
— Ton système est déjà à l'envers. Tu es drogué comme pas un. Tu ne t'en sortiras jamais de ta vie.

117

Je reste bouche bée. Les paroles du médecin m'ouvrent les yeux. Je ne soupçonnais pas que je pouvais en être déjà là.

Moi qui faisais attention pour que ça ne se produise pas...

— Même si tu te refuses à l'admettre, tu ne pourras pas redevenir normal; ça ne te sert à rien de prendre des pilules pour les nerfs, pour t'endormir sur la vérité: ta jambe droite ne redeviendra jamais normale, ton cou va rester croche. Regarde la vérité en face!

Je me lève d'un bond. Les paroles que m'assène le vénérable médecin sont intolérables.

— Ce n'est pas ton problème, tabarnacle! C'est mon problème! Tes pilules, ça coûte combien?

Gardant son sang-froid, le médecin me dit le prix d'une douzaine de valium. Là-dessus, je lui réponds:

— Je vais passer un marché avec toi et je vais faire des économies. À partir d'aujourd'hui, tu gardes tes pilules. Tu ne m'en donnes plus. C'est fini. Je n'en prends plus une.

Alors, le médecin ajoute:

— Demain matin, tu reviendras les chercher. Quand ta crise va te prendre...

Dans quelle intention a-t-il dit ça? Pour me soutirer encore de l'argent?

— Laisse faire la crise, lui dis-je en claquant la porte. Moi, je me charge de mon système.

Au fond de moi, cependant, je ne suis pas du tout sûr de ce qui se passera. Peut-être ai-je eu tort... peut-être serai-je incapable de me passer de médicaments? Pour l'instant, mon corps flotte à merveille. J'ai encore beaucoup de réserves pharmaceutiques dans mon sang, mais plus tard...

Je reviens lentement vers la maison; je fais un détour par le chemin du quai pour me remplir les poumons d'air salin et réfléchir à ce qu'il me faut faire en rentrant.

En tout et partout, il me reste trois pilules pour les nerfs. Je vais en prendre deux d'un coup pour retrouver le calme que le dévoué médecin a balayé par ses propos. Et les derniers 5 mg, je les garde pour me faire dormir.

Sitôt arrivé à la maison, je prie Suzanne de cacher tout ce qui s'appelle médicament, y compris les aspirines.

— À partir de maintenant, je ne prends plus une pilule. Celle-ci, c'est ma dernière, lui dis-je en montrant le comprimé de 5 mg qui me reste.

Suzanne doute probablement du résultat de ma démarche, mais ne l'encourage pas moins. Elle connaît ma détermination et sait que si je l'ai vraiment décidé, il y a de bonnes chances pour que ça marche.

Je coupe le dernier comprimé en deux et le mets dans une assiette. Avec ma langue, j'en lèche toutes les graines, puis je me couche.

J'attends le sommeil, mais en vain.

Je suis agité et tourne en rond dans ma chambre. J'entreprends de fouiller dans les tiroirs pour trouver un calmant.

Subitement, je me rappelle l'existence d'un flacon d'aspirines qui doit avoir échappé à la vigilance de Suzanne puisqu'il se trouve dans l'une de mes valises.

Comme un déchaîné, je sors la valise de la garde-robe et l'ouvre. Un soupir de soulagement s'échappe de mes lèvres : le flacon est là, contenant une douzaine d'aspirines. Sans m'en rendre compte, je les avale toutes à la fois.

Il avait raison, le maudit docteur ! Je suis drogué ! Je cours aux quatre coins de ma chambre en me parlant à haute voix. « Il faut que je m'en sorte ! Ça prendra le temps qu'il faudra, mais je ne prendrai plus une maudite pilule ! »

Je tiens le flacon vide à bout de bras. « Fini les pilules, fini la boisson. Plus rien ! Il faut que je m'en sorte... Un drogué, ce n'est pas un homme libre. Moi, je veux retrouver ma liberté... Un peu de cognac pour dissoudre mon calmant m'engourdissait jusqu'au lendemain, mais, maintenant, je suis coincé. Avec l'habitude et ce goût-là, ce prix-là, je ne l'aime pas. Je finirai bien par tomber d'épuisement, tôt ou tard. »

Les premiers jours qui suivent ma résolution passent péniblement. J'aurais vendu n'importe quoi pour obtenir un comprimé. Mais je tiens bon.

La nuit, pour m'occuper, tandis que tout le monde profite d'un sommeil réparateur, je me promène avec mon chien, je vais à la pêche au bout du quai. Certaines nuits, le pauvre animal est tellement épuisé qu'il s'endort à côté de moi pendant que j'attends, la ligne à la main, que le jour se lève, que la vie reprenne dans le village.

Le premier effet de cet arrêt des produits pharmaceutiques est le retour de mon appétit. Je mange de nouveau copieusement, je bois aussi beaucoup de lait. Après quelques semaines de ce régime, ma cure de désintoxication est complétée. Je ne dépends plus des médicaments. Il ne me reste plus que le sommeil à retrouver pour stabiliser mon caractère et je serai prêt pour les opérations de cet automne.

Certaines nuits me semblent vraiment plus longues

que d'autres. Au cœur de l'eau noire qui chuchote par intermittences au ras du quai, la solitude est grande. L'avenir à perte de vue comme le regard que je lance au large de la petite baie.

L'Anse-Saint-Jean... une escale dans ma vie. Un quai où passer mes nuits d'insomnie, avec le souffle chaud de mon chien endormi près de moi.

Seul devant la Création.

Ce que j'ai pu bavardé avec Dieu durant toutes ces nuits... S'il n'était pas venu à mes rendez-vous, je n'aurais pas su remonter le courant des années, espérer gagner, un jour, le large de nouveau. Mes prières sont toujours les mêmes : reprendre une vie normale, recommencer à gagner ma vie, faire vivre ma famille. Je n'exige pas de délai. Je lui fais confiance. En temps et lieu, Dieu m'exaucera.

Vers la fin de l'été, alors que je suis dans ma chambre en train de me peigner, c'est à nouveau l'illumination. Le souffle coupé. Mon visage s'est effacé dans le miroir et un visage de femme l'a remplacé. Le même visage aperçu au pied de mon lit, à l'Hôtel-Dieu de Chicoutimi.

Il s'agit de la même femme. Ça ne fait aucun doute. La seule différence, c'est qu'ici, dans la maison des Fortin, la dame sous son voile a souri alors qu'à l'hôpital son visage était d'une tristesse qui m'a longtemps préoccupé.

Quand je l'avais aperçue la première fois, j'avais cru que c'était Sœur Emmanuelle qui était entrée et sortie sur la pointe des pieds pour vérifier si je dormais. Aussi, l'instant d'après, je l'avais sonnée et lui avais demandé si elle ou quelqu'un d'autre était entré dans ma chambre.

— Pourquoi? voulut-elle savoir.
— J'ai cru entendre quelqu'un...

Je n'avais rien entendu, mais j'avais vu. Toutefois,

pour ne pas faire rire de moi, pour ne pas fournir plus de prétextes au médecin qui me jugeait halluciné, je n'en soufflai mot à Soeur Emmanuelle.

Mais là, pour la seconde fois, une dame comme la Vierge m'a souri. Et des médicaments, je n'en prends plus. Ma tête est bien solide. Qu'est-ce que ça veut dire?

Je sors de ma chambre en vitesse et descends au rez-de-chaussée. En me voyant si bouleversé, Suzanne me demande ce qui se passe.

— Es-tu souffrant? Pourquoi es-tu aussi blême?

Le temps de me ressaisir, je lui parle de cette seconde apparition.

— Tu as tellement souffert, Yvan. C'est normal que tu en arrives là. On en parlera au curé...
— Normal ou pas, chérie, tu restes bête en maudit!

L'image s'envole aussi vite qu'elle est venue, mais celui qui a vu continue d'y penser. On la revoit dans sa mémoire. On ne peut éviter de croire qu'il y aura une troisième fois... Alors on se prépare, on se propose de lui parler plutôt que de rester figé comme un bloc de glace. Comme une statue de sel.

La prochaine fois, je ne la laisserai pas disparaître tout de suite. Je l'inviterai à placoter un peu. C'est tout de même «de la visite rare».

Chapitre 6

Le dix septembre, j'entre à nouveau à l'Hôtel-Dieu de Québec. Je suis dans une forme splendide. Et ma chambre — la 222 — est devenue un décor familier.

— Je suis prêt à subir des opérations, dis-je au docteur Gagnon, tout en lui racontant ma cure de désintoxication. Qu'on ne me donne plus de pilules pour les nerfs, ni pour dormir. Je tiens à garder le contrôle que j'ai difficilement gagné.

Cette nouvelle paraît réjouir mon spécialiste.

Plus le patient s'occupe personnellement de sa santé, plus la tâche du médecin s'en trouve facilitée et la guérison devient assurée.

En mon absence, on a inscrit sur mon dossier que je suis porteur d'une infection à staphylocoque doré. Le médecin m'explique que ça ne me causera aucun ennui majeur, mais que ça m'oblige à rester en quarantaine : pas de contact avec les autres, pas le droit de toucher aux murs du corridor, etc.

La belle affaire!

Rester confiné dans une pièce carrée, tout le temps de mon hospitalisation? Ça et la prison, c'est du pareil au même.

Après avoir examiné l'ameublement de ma chambre, je décide de procéder à une transformation radicale, afin de me donner l'illusion d'un peu plus d'espace. Après avoir fermé la porte pour éviter toute intrusion, je pousse le lit qui se trouve au milieu de la pièce jusqu'au mur. Je range le poste de télévision à côté de la porte, déplace la commode pour qu'elle ne soit pas continuellement dans mes jambes.

La chaise droite et inconfortable n'a plus sa place ici. Il me faut un fauteuil berçant. Je mentionne ce détail à l'infirmière.

— Il y en a plusieurs dans le petit salon de l'étage. On n'a pas le droit de les transporter dans les chambres des patients. Les règlements...

— Les règlements? Je vais vous montrer ce que j'en fais.

Ce disant, je m'empare de la chaise et la lance au pied du lit. Les quatre pieds sautent! L'infirmière, outrée, sort de ma chambre en vitesse et va prévenir l'hospitalière.

Je ne perds pas de temps et file au salon chercher une berceuse.

Blotti dans mon fauteuil, j'allume une pipe comme si de rien n'était. Même que, tout bien considéré, je trouve ma cabine fort confortable. Toutefois, je sais que le remue-ménage n'est pas entièrement terminé. Je dois maintenant affronter les cris de la religieuse qui vient de faire irruption dans mon repaire.

— Vous n'avez pas le droit! On va sortir ça tout de suite. Je vais appeler les infirmiers.

124

Je ne lui laisse pas le temps de faire venir ses fiers-à-bras. J'arrache le fil de la sonnette et en entoure le cou de la bonne sœur.

— Dehors! Tu vas sortir, toi, christ, mais pas le fauteuil!

Elle sort sans rouspéter, puis revient avec sa horde d'infirmiers. Quand je les aperçois dans l'entrebaîllement de la porte, je leur crie d'une voix qui ne prête pas à rire :

— Ne portez pas la main sur moi, parce que ça va faire dur! Je vous préviens. Je veux être tranquille. Je paie pour avoir la paix, j'ai bien le droit de faire ce que je veux dans cette chambre où il n'y a même pas de toilette!

L'armée se retire un moment. Alors, c'est l'assaut final, la contre-attaque : la religieuse est allée se plaindre à sa supérieure qui a prévenu mon spécialiste. C'est donc le docteur Gagnon qui est envoyé comme bouc émissaire.

— Qu'est-ce qui se passe, Yvan, vous n'avez pas coutume de faire ça?
— J'ai pas coutume, docteur, vous avez raison. Si je le fais, c'est parce que je ne peux faire autrement.

Je lui explique la situation. Le médecin commente, à la fin de mon plaidoyer :

— Vous avez quasiment raison. Je vais arranger ça. Le fauteuil va rester dans la chambre.

Je savais bien que ma demande n'était pas extravagante...

Comme ça, tout va bien. J'ai même obtenu la permission de me promener dans le corridor quand les malades sont endormis, le soir, à condition de garder les deux bras croisés... C'est mieux que rien.

Et une surprise comme la visite de Fernand, le soir de ses noces, avec une bouteille de champagne, ça fait trouver la vie belle. Même à l'hôpital, ça me rapproche des gens authentiques et sincères. Je ne me sens pas mis au rancart. J'ai raison de croire qu'autour de moi il existe des gens de cœur.

En novembre, je suis de retour dans ma maison de convalescence, à l'Anse-Saint-Jean. Je n'ai pas à retourner à l'hôpital avant mars 64. Ces intervalles de plus en plus grands entre mes hospitalisations m'encouragent.

Pour les fêtes de Noël et du Jour de l'An, la famille Fortin est au complet. Jacques et Ronaldo, les deux frères de Suzanne, gâtent notre fils comme s'il était le leur. Ils s'occupent de lui, spontanément, sans qu'on le leur demande.

Quant à ma belle-mère, Virginie, ses attentions à mon égard n'ont pas de fin. Elle me prépare des repas délicieux, surveille sans cesse comment je me sens, devine mes besoins. Elle est exceptionnelle.

Comment pourrais-je ne pas me sentir comblé dans un tel climat d'affection?

Juste avant la messe de minuit, les femmes mettent la table pour le réveillon. Je sens un pincement au cœur. Ce sera mon premier Noël avec ma femme. L'an dernier, j'étais cloué sur un lit d'hôpital... Ce sera aussi mon premier avec Marco... Même s'il est jeune, il sera de la fête. Noël, c'est pour les enfants.

Je ne le sais que trop. À vingt-deux ans, quand j'ai passé la nuit de Noël pour la première fois à l'Anse-Saint-Jean, j'ai pleuré en regardant les femmes préparer le réveillon. Elles dressaient la table avec plein de couleurs, plein de gâteries. Ce que j'ai dû leur paraître niais quand je leur ai demandé :

— Qu'est-ce que vous faites là?

Mais autant pour elles c'était habituel de réveillonner, autant pour moi c'était nouveau. Je n'avais encore jamais connu cette atmosphère de réjouissances familiales à l'occasion d'une nuit de Noël. Il n'y a, par conséquent, rien d'étonnant à ce que je sois incapable de retenir mon émotion. La famille Fortin m'aura beaucoup appris de ces choses qui rapprochent les êtres, les uns des autres. De cette chaleur qui unit les membres d'une vraie famille. Ce sera une découverte importante.

Pour moi, Noël se distinguait des autres jours par la messe de minuit. Quand je revenais de l'église, j'avalais un morceau de pâté à la viande, sur le coin de la table, avec un verre d'eau, puis je gagnais ma chambre en vitesse. C'était tout. Alors que chez les Fortin, on s'amuse pleinement, on échange des cadeaux. Il y a plein de monde dans la maison, au salon, à la cuisine. C'est très agréable.

Même Rosanne est descendue de l'Île-aux-Coudres avec son mari Rosaire et ses enfants.

Toutes les raisons seraient pourtant bonnes pour rester tristement figés sur le malheur que j'ai apporté dans cette famille. Ils n'ont qu'à me regarder et la vérité saute aux yeux. Mais il n'en est pas question.

Il faut rire pendant qu'on est là, tous ensemble; tel est le mot d'ordre de la maison et c'est Virginie qui en donne le meilleur exemple. Bien que mon beau-père soit très malade, il se mêle à la fête. Personne n'est oublié.

Je m'entends bien avec Rosaire. Il me parle de sa goélette, de sa saison de navigation, me raconte ce qui se passe à l'Île. Ses manies me font bien rire. Il ne faut pas déranger ses habitudes, pas trop...

C'est la cible parfaite de mes taquineries. Je ne rate pas une occasion quand elle se présente.

— Mon copain Yvan, il est *smat*!... me crie mon beau-frère du salon. Il va me servir un bon café.

— Tu veux un café? Mais bien sûr, Rosaire, ne bouge pas. Ça ne sera pas long.

Comme je suis déjà dans la cuisine, lui préparer un café est une bagatelle. Gaiement, je lui offre sa tasse.

— Ça, c'est du service, me remercie Rosaire en mettant deux morceaux de sucre dans son café et en remuant toujours dans le même sens depuis des années!

Cette fois-ci, le sucre lui résiste. Il ne veut pas fondre. Il s'en inquiète. Avec sa cuiller, il sort l'objet qui résiste à ses efforts.

Un ver de terre — en plastique — émerge de sa tasse. Le pauvre homme devient rouge, puis blême, presque vert! Je crains même, à un moment donné, qu'il n'ait une crise! Sa figure se décompose.

— Fais-moi plus jamais ça! me supplie-t-il.
— Je ne pensais pas que tu le prendrais de même. Je ne te ferai plus ça.

Suzanne rit à chaudes larmes. Ça, c'est le plus beau cadeau pour moi. Et, évidemment, son plaisir encourage mon espièglerie. Ça me donne le goût de récidiver...

Pour me montrer qu'il ne me garde pas rancune, Rosaire, bien habillé, bien coiffé (dans la mesure où un «presque chauve» peut se coiffer!), vient me saluer avant de partir pour la messe de minuit. Depuis mon accident, je ne me rends plus à l'église; mon apparence dérange les fidèles! Je juge donc préférable de demeurer à la maison et de faire un peu de cuisine ou du ménage pendant ce temps.

— L'autre jour, je n'ai pas goûté à ta crème aux pommes, me dit Rosaire; ce soir, tu m'en gardes, hein? Il paraît que c'est ce que tu fais de mieux.
— Humblement, je reconnais que ma recette n'est pas battable. Tu n'en a pas eu, l'autre jour?

Innocemment, je m'approche de mon beau-frère avec un superbe plat de crème aux pommes comme pour le lui montrer, mais dès que je suis à sa hauteur, je lui renverse le plat sur la tête.

Ça coule sous ses lunettes, sur ses épaules! Rosanne, attirée par le spectacle, s'amène avec une serviette et étale la crème aux pommes.

— Arrêtez! supplie son mari. Ça dégouline partout.

Pour y avoir «goûté», Rosaire connaîtra le goût de ma crème. Ça ne fait aucun doute. Toute la famille se tord de rire. La victime de mon méfait n'y échappe pas, son sens de l'humour l'emportant sur la surprise.

* * *

Quand je rends visite à Sœur Emmanuelle au centre de réadaptation où elle travaille maintenant, c'est de cette extraordinaire famille que nous parlons. Depuis cet automne où l'on m'avait rayé du nombre des vivants, la compréhension et la confiance de cette religieuse m'ont aidé à revenir au monde. Je ne l'oublie pas et j'ai encore besoin d'elle. Je cherche toujours à vérifier sur son visage ce qu'elle pense de mes récentes greffes.

— Ça s'en vient bien, mère, vous ne trouvez pas?

M'ayant vu au moment où j'étais le plus déformé des hommes, il me semble qu'elle est vraiment qualifiée pour juger de la transformation.

— Oui, Yvan, ça va bien. Mais ne t'impatiente pas. Ça va prendre beaucoup d'années.

J'aime la douceur de ses conseils. Ça ne manque jamais de faire effet. Après lui avoir parlé, je suis toujours plus calme. J'attendrai. Le docteur Gagnon m'a bien dit que chaque cas était particulier. Qu'il était impossible d'affirmer combien de temps ça prendrait. Certes, les années qu'il me faudra passer à l'ombre avec ma femme et mon fils ne seront pas faciles, mais si je veux vivre normalement, je ne peux les éviter.

Le haut d'une falaise paraît toujours inaccessible quand on est au pied et qu'on tente, d'un seul regard, de parvenir au sommet. Toutefois, si l'on se dit qu'on est déjà engagé dans l'ascension, même s'il y a seulement quelques pieds de parcourus, un espoir influe immanquablement sur notre perception. Un souffle allège nos efforts.

On peut viser haut et loin, mais à la condition de ne pas se laisser écraser par tout ce qu'on pourrait anticiper. Il suffit de prendre ça par petites doses pour ne pas faire d'indigestion et, surtout, pour ne pas s'affaiblir.

Dix, vingt ou trente ans, pour moi, c'est fait essentiellement de périodes de vingt-quatre heures. D'une journée à la fois. Pas davantage. Un peu comme on suggère à un jeune enfant de ramasser ses pièces d'un sou : quand il en a cent, il a un dollar. C'est le début de la fortune qu'il aura plus tard. Vingt-quatre heures complétées, une autre journée qui commence, c'est l'ascension assurée de ma falaise, car je ne recule jamais. Si je fais un faux pas, je me reprends, puis je continue de l'avant.

Ce que j'entreprends, jour après jour, c'est mon bonheur. J'en établis les fondements. Comme le chirurgien qui me façonne un nouveau visage, j'ai la certitude d'être en train de modeler mon bonheur. Dans la souffrance, dans l'ombre ? Qu'importe ! Je serai un jour heureux et, alors, rien ni personne ne me fera faire marche arrière.

* * *

Pour montrer ma bonne foi aux Fortin et surtout pour ne pas abuser de leur bonté, je me déniche un travail dans le village. C'est bien plus par pitié qu'autre chose qu'on me l'accorde, mais je dois marcher sur mon orgueil et gagner un peu d'argent. Je n'en ai plus du tout.

Moyennant une rémunération de cinq dollars par jour, pour un horaire de travail qui va de cinq heures du matin jusqu'à dix heures le soir, cinq jours par semaine, je livre le pain pour une boulangerie. Je ne fais que conduire le camion, un autre type m'accompagne et entre dans les maisons offrir la marchandise. C'est bien normal... Certaines femmes, si elles me voyaient passer le seuil de leur porte, pourraient être indisposées, suffisamment pour cesser d'acheter le pain de la boulangerie. Les ventes chuteraient...

Il me faut être compréhensif!

Au volant du camion, de toute manière, je suis bien mieux. J'exécute mon travail sans dire un mot et je reçois mon salaire à la fin de la semaine. C'est dans l'ordre des choses.

Je travaille jusqu'au mois de mars, alors que je dois retourner à l'hôpital pour une nouvelle série d'opérations. Ça me permettra peut-être de me reposer car mes longues journées assis dans le camion m'ont épuisé. Allongé dans un lit tout blanc, ça va me changer de posture.

Bien sûr, si j'avais le choix, je ne prendrais pas la direction de Québec. Ce serait plutôt celle des deux frères de Suzanne qui se préparent à partir pour leur saison de navigation. Je sens toujours en moi cette plaie ouverte: naviguer... M'embarquer de nouveau et entendre le vrombissement en provenance de la chambre des moteurs... Ça me chauffera les tympans pendant combien de temps?

Pourtant, la mer coule dans mes veines, peut-être plus régulièrement que mon sang. Je n'ai pas d'autre but dans la

131

vie. Je veux glisser, comme avant, sur les eaux. Beau temps, mauvais temps. Pourvu que je me sente flotter...

Ronaldo, l'aîné de la famille Fortin, qui envoie tous ses salaires à sa mère pour l'aider à subsister a glissé dans une de ses lettres: «Suzanne, si t'en as besoin, tu te serviras.» Une telle générosité me bouleverse. Jacques fait de même. À chaque paie, il envoie un chèque de cent dollars, personnellement, à ma femme. Sans exiger de retour. «Pour toi, Suzanne», se contente-t-il d'inscrire dans la lettre.

Pourrons-nous, un jour, leur exprimer toute notre reconnaissance?

Je n'ai pas tellement été habitué à cette manière de se soutenir, l'un l'autre, à l'intérieur d'une même famille. Je dois cependant en convenir puisqu'on m'y a accueilli et qu'on m'aide sans cesse, mais il m'est difficile d'en profiter spontanément. Que de dettes je suis en train d'accumuler!

Dès que je suis remis de mes opérations, au mois d'avril, la nécessité de travailler revient. La mer, à nouveau, devient impérieuse. De la fenêtre de ma chambre, j'entends les vagues claquer au noroît. Je ne peux plus rester à terre.

— Il va falloir que je recommence à naviguer bien vite, dis-je à Suzanne, tant pour vérifier sa réaction que pour me convaincre qu'il n'y a pas d'autre alternative.
— Tu t'en sens assez capable?
— On peut toujours essayer... après, on verra bien ce qui en retourne.

Je devine l'inquiétude de ma femme, mais elle n'intervient pas davantage. Elle aussi sait que je dois tenter l'expérience. Il y aura peut-être un choc, peut-être qu'il n'y en aura pas... Il me faut en avoir le cœur net, une fois pour toutes.

J'entre en contact avec le propriétaire d'un petit bateau de fer, qui demeure à l'Anse-Saint-Jean. Il accepte de me prendre comme capitaine.

— On va aller prendre le bateau qui est en cale sèche à Tadoussac. Tu auras deux voyages à faire à Québec avant de charroyer de la pulpe dans le Saguenay.

À Tadoussac, je prends possession du bateau. Juste une bonne grosseur pour que ce soit intéressant. Je suis troublé en montant à bord. C'est comme si je le faisais pour la première fois de ma vie. À vrai dire, je tiens à oublier la dernière fois.

L'enthousiasme d'être de nouveau capitaine doit être le plus fort. La première course jusqu'à Québec se déroule très normalement. Tout se passe très bien. Ce n'est qu'à l'occasion du second voyage que je sens, de façon inexplicable, un curieux serrement dans la gorge. L'angoisse s'intensifiant, je dois passer la roue à mon second et aller m'étendre dans ma cabine.

Ça serre encore plus dans ma gorge. Je me mets à crier, puis à pleurer. La sueur coule sur mon front. C'est la débâcle de mes nerfs. J'en déchire ma chemise dans le dos.

J'ai perdu le contrôle. Des images où le feu fait rage m'assaillent. Il y a des centaines de pieds d'eau au-dessus de ma tête. J'ai beau essayer d'écarter les flammes, le feu poursuit son chemin, m'encerclant de plus en plus. Je me sens écrasé par le poids de l'eau. Ma jambe, comme une guenille de chair, s'étire à n'en plus finir. Ça brûle! Ça fait mal! Je vais y laisser ma peau...

Pendant plus d'une heure, seul dans ma cabine, je revis l'accident avec la même violence que ce samedi d'octobre 62. La mort me raille avec la même insolence. Elle m'a déjà pris ma peau de jeune homme et, maintenant, elle souhaite ma peau de navigateur. Elle ne l'aura pas. Cette peau ne repousse pas, pas plus qu'elle ne s'achète. On ne se remet pas d'une telle perte.

133

La mort ne doit pas avoir raison de mes nerfs. Je vais l'étrangler! Je vais lutter! Mais je resterai coûte que coûte sur l'eau, capitaine d'un bateau.

Je chasse une à une les images qui tentent encore de me faire chavirer. Les poings serrés, le corps droit, je résiste à la tourmente. L'intensité des vents est désamorcée. Je refais surface progressivement.

Ma cabine reprend son espace. Je retrouve mon équilibre. L'eau et le feu sont vaincus à jamais dans ma mémoire.

Je gouverne un petit bateau de fer et le soleil est splendide sur la nappe d'eau du Saint-Laurent. Québec est en vue. Dans quelques heures, on accostera.

Le reste du voyage, tout comme les suivants, se passe sans plus d'ennuis. Je me sens soulagé d'un tel poids! Depuis fort longtemps, je ne me suis senti aussi bien.

En remontant le Saguenay, mon bien-être se confirme davantage. La présence de ce paysage familier, que j'aurais pu ne jamais revoir, m'emplit d'une très grande émotion. J'ai l'impression de retrouver mes racines en pénétrant dans le fjord.

C'est au plus profond de moi que l'enchantement se loge. Même la « Vierge » est au rendez-vous, sur son promontoire. Sa taille de géante ne s'est pas laissé endommager par les intempéries. Je m'en réjouis et, à mes lèvres, monte une prière de reconnaissance. N'est-elle pas la Vierge-des-navigateurs? Celle qui a évité plus d'un péril, empêché plus d'un naufrage?

Jusqu'au mois de juillet, je fais la navette sur mon bateau chargé de bois de pulpe. Lorsque le propriétaire m'annonce qu'il doit mettre son bateau en cale sèche, faute d'argent, ma déception est grande.

— L'ouvrage diminue, Yvan, je ne fais pas assez d'argent.

— Je comprends... Ça ne fait rien pour moi, ajouté-je. Je vais me placer ailleurs. La chance que vous m'avez donnée, je ne suis pas prêt de l'oublier. Je vous remercie beaucoup pour ce que vous avez fait pour moi.

Je le dis et je le pense vraiment, car ce petit bateau de fer m'aura permis de liquider une vieille histoire ancrée dans ma mémoire et de reprendre confiance en moi. En ce que je sais faire.

Pour quelques semaines de travail, c'est beaucoup de gagné.

Rosaire, en apprenant ma mise à pied, me propose de donner mon nom à une compagnie forestière de Chicoutimi.

— Je connais un gars. Je vais te recommander à lui.

Pourquoi pas? Je donne mon consentement à mon beau-frère. Quelques jours après, je reçois un téléphone de Chicoutimi : le surintendant de la compagnie me demande de venir le rencontrer. C'est encourageant. Peut-être aura-t-on un emploi pour moi...

J'aimerais bien que ça marche, mais si jamais mon apparence physique importune les patrons, je n'insisterai pas. Je ne viens pas quêter une pitance. Je suis un homme intéressé à travailler. C'est différent. On me prend tel que je suis, pour ce que je suis capable de faire, ou on ne me prend pas. C'est catégorique pour moi. Personne ne me fera baisser la tête.

On me présente aux patrons dès mon arrivée au bureau de la Compagnie. Nulle remarque désobligeante, aucun sous-entendu. Ça me rend encore plus confiant.

— Es-tu prêt à commencer à travailler, demain matin? me demande-t-on.
— Bien sûr!

Ma réponse jaillit sans aucune hésitation :

— J'ai juste à descendre à l'Anse-Saint-Jean pour chercher mon linge et je serai de retour, demain, à huit heures pile.

— Remplis cette formule. Et on t'attend à huit heures, demain. Le *foreman* sera ici. C'est lui qui va te conduire dans le bois où tu vas prendre le *tug*[1].

Je n'en crois pas mes oreilles. Je serai capitaine d'un remorqueur ? C'est fantastique, surtout que ce sera ma première expérience avec la *raft*[2]. J'ai hâte de commencer.

Le premier voyage que je fais à bord du remorqueur, c'est en compagnie du capitaine auquel je succède, celui-ci ayant eu une promotion. Il me donne toutes les explications concernant mon travail, puis me cède la roue.

À mon tour de jouer.

Mon équipage est composé de six hommes. Je n'ai pas de difficulté à me faire écouter. On semble m'accepter dès mes premières manœuvres. J'ai bien l'impression que ma nouvelle responsabilité va beaucoup me plaire.

Un accueil tout à fait imprévisible m'est servi lorsque je descends au camp, une fois ma journée terminée : la mise en quarantaine !

Personne n'ose s'approcher de moi, comme si j'étais un lépreux. On chuchote — suffisamment haut pour que je comprenne — des injures à n'en plus finir : « Sa face de singe ne me revient pas... Ça sert à rien, il me donne mal au cœur... »

Tous les hommes, sans exception, se réunissent autour des mêmes tables et me laissent seul à la mienne.

[1] *Tug* : remorqueur
[2] *Raft* : train de bois flotté

Ma table me semble subitement immense et la cantine, une arène infecte où les lutteurs saignent comme des cochons. Le spectacle me blesse les yeux ; les murmures percutants me déchirent les oreilles. Au fond de moi, sous cet épiderme de balafré, le mal est trop accablant pour exprimer sa révolte. Je me tais et ne manifeste en rien ma souffrance.

Quand je me lève pour remettre mon plateau et sortir au plus vite de cet enfer, les voix et les rires deviennent encore plus odieux : « Ça ne se peut pas, un homme aussi laid ! » « Il est monstrueux, je ne peux pas croire que des gars vont travailler avec lui... »

Juste quand je referme la porte, un autre s'empresse d'ajouter :

— Je me tirerais une décharge de carabine dans la tête, moi, pour débarrasser le public.

Mes poumons manquent d'air... Mes jambes sont molles... Ma cervelle veut éclater !

Non ! ils ne m'empêcheront pas d'accomplir mon travail ; ils ne me feront pas quitter le camp.

Où irais-je ?

Ailleurs, ce ne serait guère mieux. Les hommes sont tous les mêmes. Ça ne sert à rien de les fuir. Il faut simplement apprendre à s'en accommoder. À vivre parmi eux, sans eux.

Ce qu'ils ignorent, ces *raftmen*, c'est que leurs idées ne sont pas tellement originales ; elles me sont déjà toutes venues en tête. Mais pas longtemps, car je les ai chassées l'une après l'autre. Se tirer une balle dans la tempe quand on a une face de singe comme moi, c'est vraiment une solution de facilité. Une méthode pour les faibles.

Ça ne m'intéresse pas.

Si leur trop grande sensibilité les rend incapables de supporter ma présence, eh bien, ce ne sera pas un problème. Je vais les épargner et faire en sorte que mon travail à la compagnie forestière ne les indispose pas. Sans fuir, toutefois. Sans plier bagages.

Je vais simplement, pendant les cinq jours que je dois demeurer dans le bois avec les autres travailleurs, m'effacer dès que mon boulot est fini.

Ainsi, sitôt mon repas terminé, je prends l'habitude de me retirer dans la chambre qu'il me faut partager avec un autre. Lorsque mon compagnon vient se coucher à son tour, je suis toujours tourné contre le mur et ne lui montre que mon dos. Crampe ou pas crampe, je ne me retourne pas. Le matin, je me lève avant lui. Comme ça, ma présence ne l'indispose pas. Il n'a même jamais plus l'occasion de regarder la bête de cirque du camp forestier...

Durant plusieurs jours, je recommence à manger en même temps que les autres. Je m'entête à penser que, parmi ces deux cent cinquante hommes, il s'en trouvera bien un capable de s'asseoir à mon coin de table. Mais je me leurre. Aucun ne fait un pas vers moi. Aucun ne m'adresse la parole. Alors, je décide de ne plus venir manger à la même heure que la foule. On souhaite m'écarter? Je consens à m'isoler aussi pour l'heure des repas, mais je ne céderai pas la place.

D'ailleurs, la solitude et moi nous avons appris à nous tenir compagnie. On finit même, à un moment donné, par se trouver si bien seul, face à ses pensées et à ses rêves, que la présence d'un tiers dérange. Et quand ce tiers n'a que des mots de soufre entre les dents, je m'en dispense encore plus volontiers.

Pourquoi essayerais-je de changer les hommes? Je n'en ai ni les moyens, ni le temps. Mon destin, pour le moment, m'éloigne de la lumière, me prive du soleil, mais la bête traquée que je suis «gosse» son bonheur comme le voilier que je viens de commencer. Avec, pour tout outil, la lame de mon couteau de chasse, je lui donnerai la forme que je voudrai; je lui filerai les voiles comme je le désirerai. Sa charpente sera peut-être grossièrement équarrie, mais j'aurai la fierté de dire qu'il est entièrement sorti de mes mains abîmées et de mon imagination intacte.

Les centaines d'heures que je passerai à sculpter mon bateau seront plus productrices que celles que je pourrais passer à écouter des infamies. Toutes ces paroles en l'air qui ne valent pas d'être entendues, encore moins d'être répondues.

La fin de semaine, quand je descends à l'Anse-Saint-Jean, Suzanne sait à quoi s'en tenir. Elle a appris à lire sur mon visage. Je n'ai pas à lui dire à propos du camp, à propos des hommes. Elle devine ce qui se passe là-haut. Ses bontés comme celles, plus attentives que jamais, de ma belle-mère me procurent, pendant ces heures, beaucoup d'apaisement et d'espoir.

Au cours de l'hiver, je toucherai l'assurance-chômage, étant donné qu'il n'y a pas de navigation sur le lac durant cette saison. Au printemps, une nouvelle hospitalisation avant de reprendre le travail dans le bois.

Mes dernières greffes et le temps commencent à jouer en ma faveur. Les *raftmen* se sont habitués à ma figure. Ils m'adressent maintenant la parole, comme à n'importe qui. Toutefois, ça ne va pas plus loin. Pour eux, je suis un individu qui n'offre même plus l'attrait de la nouveauté.

Quand on m'a vu une fois, on est satisfait!

C'est dans l'isolement que j'effectue mon travail de capitaine sans échanger de véritables conversations avec mes compagnons. Si je n'aimais pas la tâche pour laquelle on me rémunère, je crois bien que je ne serais pas capable de supporter ce climat plus d'une semaine. Mais j'aime tellement manœuvrer ces petits bateaux «sport»! Pour moi, c'est vraiment un exercice d'habileté et de précision. J'y mets toutes mes facultés.

Je tiens à manœuvrer le remorqueur le plus doucement possible. Un seul coup de roue maladroit ou un changement de vitesse trop brusque risque de projeter un des hommes à l'eau ou de le coincer entre le bôme[1] et la poupe. Pour éviter ce genre d'accidents, fréquents dans le métier, j'use d'attention et de patience. Je prends le temps qu'il faut, car rien ne vaut la vie d'un homme. J'en fais une de mes principales responsabilités à bord du remorqueur.

Les prouesses, c'est un aspect souvent excitant pour les navigateurs, mais lorsqu'elles sont poussées jusqu'à la témérité, cela n'est plus un signe d'enthousiasme ou de passion. Ça devient ni plus ni moins de l'imprudence. Le péril provoqué perd, à mon sens, de sa valeur.

Ce qui me fascine, c'est le vrai danger. Celui qui nous tombe sur la tête comme une tempête. Quand un gars réussit à s'en sortir, alors, il m'épate.

Plus d'une fois, le danger a frôlé la coque du *M.P. Émilie*, la dernière acquisition de mes cousins, une goélette construite à toute épreuve, mesurant 109 pieds de long et 29 de large, dont le tirant d'eau était de 13 pieds à l'arrière et de 10 à l'avant; une solide voiture d'eau... mais jamais on n'y faisait d'imprudence.

On avait pris, un jour, une tempête de suroît au large de Rimouski. La cale du *M.P. Émilie* était pleine de sacs de ciment. Si un peu d'eau s'infiltrait dans les poches, on prenait le fond immédiatement. Il fallait, par conséquent, empêcher la toile qui protégeait la cargaison de claquer au vent. Comme la pluie et le vent s'encourageaient à nous harceler, on avait beau courir d'un pont à l'autre, les vagues passaient par-dessus bord. « Le *tarpaule* est en train d'arracher », entendis-je crier par un de mes cousins.

---

[1] *Bôme*: estacade flottante destinée à retenir les billots qui flottent, à un point quelconque d'un cours d'eau

Nos efforts commençaient à être vains. Nous devions faire vite.

Il y avait un cordage tendu de mât à mât. On s'y attachait pour ne pas être happé par la mer quand elle montait jusqu'à notre hauteur. Un anneau passé dans le câble nous permettait de glisser aisément d'un point à l'autre du pont et de rattacher les amarres. Toujours en tanguant avec la même régularité : trois petites mers, trois grosses mers.

Les mers, c'était les vagues. Tous ceux qui vivent sur l'eau connaissent cette loi, comme un battement de cœur, trois petites, trois grosses. La survie, souvent, en dépend. C'est pendant les trois petites vagues que le capitaine manœuvre son bateau. Quand les trois suivantes, telles des lions affamés, viennent mordre dans le nez ou la joue du bateau, ça ne sert à rien de tenter de s'échapper. On n'en a plus le temps.

— Gare-toi! m'avait crié le capitaine Éloi, de la timonerie. Voilà la mer!

Je ne la vis pas venir; elle me frappa avec rage. Je me retrouvai, en quelques secondes, la tête en bas, pendu après le cordage. Trois petites... trois grosses... Pour ceux qui aiment les sensations fortes, c'est le sport par excellence!

À dix-sept, dix-huit ans, on peut se permettre de rire du danger, mais, maintenant, c'est avec clairvoyance que je le dépiste et que je l'affronte. Mes risques sont toujours calculés. Ainsi, tous les nouveaux instruments qu'on invente pour faciliter le travail ou pour garantir plus de sécurité me fascinent.

Il faut avoir passé la rivière Saguenay par temps brumeux ou pluvieux, la tête dans le mât d'une *pine* pour apprécier un instrument de repérage comme le radar, le compas magnétique ou l'écho-sondeur. Certes, quand ces instruments n'existaient pas, on se débrouillait très bien quand même. Mais la tâche était souvent plus laborieuse et beaucoup moins instantanée.

Pour mesurer le niveau d'eau sous le *TBE*, par exemple, on se servait d'une sonde de plomb. C'était un bout de corde auquel était accroché un morceau de plomb d'une dizaine de livres. On jetait la sonde à l'eau jusqu'à ce que le plomb touche le fond comme une ancre. Avec les points de repère qu'on s'était fixés, on savait la profondeur de l'eau sous notre coque.

La corde était mesurée en brasses; un bout de cuir révélait la première brasse; deuxième brasse, deux bouts de cuir et ainsi jusqu'à la cinquième brasse qu'une guenille rouge indiquait; à la septième, une guenille bleue; la dixième brasse, une guenille blanche. Ça se rendait ainsi jusqu'à vingt brasses. Pour être rudimentaire, c'était vraiment une méthode rudimentaire, mais nécessaire. Nous ne disposions d'aucun autre moyen.

Qu'on approuve ou désapprouve la science, il faut tout de même en reconnaître les avantages. Pour ma part, je ne reviendrais pas à l'ancien système de commande d'un bateau, au système télégraphique, alors que le capitaine de son poste avait à sonner l'ingénieur en chef qui se trouvait dans la chambre des moteurs pour faire exécuter un changement de vitesse : tant de coups de sonnette voulaient dire machine avant ou machine arrière. Cela requérait une grande attention de la part de l'ingénieur, mais malgré sa réaction immédiate, toute manœuvre devait être prévue à l'avance. Ainsi, quand une goélette accostait, elle devait se préparer pour que l'opération s'effectue avec précision. N'ayant qu'un moteur de deux cents ou de trois cents forces, pour un poids fort appréciable (spécialement si elle était chargée de cordes de bois), le capitaine avait à freiner bien avant l'approche du quai.

Avec un système hydraulique, la conduite directe dont sont maintenant pourvus les bateaux, il n'y a pas de comparaison. La manœuvre du capitaine est instantanée. Sa responsabilité totale. C'est beaucoup plus intéressant.

Avec mon remorqueur, c'est un jeu d'enfant. Léger, mais doté d'un moteur puissant, il obéit sur-le-champ aux commandes. Je pense que j'amarre mieux un remorqueur que je ne stationne une auto. Avec le temps, on apprend à évaluer la distance dont on aura besoin pour accoster avec rapidité et précision. C'est si passionnant de glisser en douce, la joue contre le quai. On « sent » le bateau comme s'il était un prolongement naturel de sa propre personne.

Chapitre 7

Pendant deux ans, je me contente du travail que m'offre la compagnie. Chaque printemps, je subis mes opérations à l'Hôtel-Dieu de Québec, puis je recommence à travailler sur le lac.

Mais à partir de 1967, nous décidons, Suzanne et moi, de nous installer à Québec. Il est grand temps.

— Je trouverai bien à me placer dans la construction au cours de l'hiver. Tu vas voir, on va pouvoir vivre à Québec dans notre maison.

Nous choisissons un terrain à Charlesbourg et entreprenons de nous faire construire une maison qui comportera un logement supplémentaire pour Rosanne et sa famille.

Les deux sœurs Fortin se rapprochent pour moins s'ennuyer. C'est un peu comme si la maison de l'Anse-Saint-Jean se déplaçait à Québec. Je suis favorable à cette idée pourvu que je sois, cette fois, propriétaire de la maison, car c'est bien à mon tour d'accueillir.

Même Marco ne s'en trouvera que mieux : Rosanne a trois enfants qui pourront jouer avec lui. Ce sera parfait. Il y aura aussi une chambre pour Virginie. Quand elle sera prête à venir nous rejoindre à Québec après s'être débarrassée de la maison familiale qui l'encombre depuis la mort de son mari, ma belle-mère aura sa place chez moi. Et ce jour-là, je m'en réjouirai beaucoup.

En ville, évidemment, la situation est pour moi plus compliquée qu'à la campagne. Il y a plus de monde. Il y en a partout. Je ne peux pas sortir sans être dévisagé. La discrétion des habitants de l'Anse-Saint-Jean, qui a tant facilité ma réadaptation, n'existe pas à Québec. Ici, c'est l'indiscrétion, le fou rire, le doigt pointé sur moi. Derrière mes lunettes fumées, même quand je mordille ma pipe, certaines minutes sont tendues, d'autres moins. Heureusement que nos voisins m'ont accueilli avec simplicité et gentillesse. Aucun d'entre eux ne s'est détourné, bien au contraire, ils sont toujours prêts à nous rendre service. Les femmes s'empressent auprès de Suzanne. Marco a beaucoup de petits compagnons de jeu. C'est très important dans notre situation. Notre intégration s'en trouve grandement facilitée, au moins dans ce coin de la ville que nous avons choisi d'habiter.

Ailleurs, partout où je me promène, rue Saint-Joseph ou une autre, je dois passer la tête haute, sans jamais me retourner et ignorer les passants qui se poussent du coude, qui se moquent de moi. Je fonce comme si de rien n'était, n'imposant à personne de se tenir à côté de moi, ni à Suzanne, ni à Rosanne. C'est moi seul qui ai à subir les affronts ; je ne veux pas que d'autres connaissent ces blessures à cause de moi. Car ça ne se cicatrise pas.

Tout geste quotidien qu'il me faut effectuer en public provoque une situation embarrassante. Comme lorsque je me rends chez un coiffeur, par exemple. Les enfants se collent le nez à la vitrine, les adultes y glissent aussi un regard ironique, tellement qu'il me faut demander au coiffeur de baisser le store. C'est continuellement ainsi.

En ville, j'ai repris, malgré moi, mon rôle d'attraction.

Vingt-quatre heures à la fois, c'est plus que suffisant. Je n'attends rien. J'espère simplement le lendemain, ce fait inattendu qui vient réchauffer le cœur, comme l'a si bien fait le coup de téléphone de Jacques Fortin, le jour de mon anniversaire, l'année dernière. Il m'a proposé d'être le parrain de sa fille. C'était un geste naturel de la part de mon beau-frère, mais il me révélait son grand cœur. Il n'a pas tenu compte du fait que je suis défiguré; il m'a conduit à une grande fête pour ce baptême. Tout s'est passé comme si j'étais celui qu'il avait connu avant l'accident. Il a été très chic.

Avec de telles preuves, je ne peux plus douter de lendemains heureux, d'un avenir normal pour ma famille. Ce sont des éléments concrets sur lesquels je peux m'appuyer avec confiance.

Quant aux gens sur qui nous pouvons compter, Suzanne et moi, ils sont très rares, mais leur rareté révèle leur grandeur. Pour nous, c'est ce qui importe. Les autres qui nous fuient, qui nous ferment leur porte, ne méritent pas notre estime. Certes, ils nous blessent, mais ils ne nous vaincront pas.

Avec le temps, on apprend aussi à se passer d'une vie sociale, de ces mondanités où, finalement, les gens se dévorent entre eux. Ce qu'on y perd est tellement peu...

Au début de l'hiver, je m'engage chez un entrepreneur montréalais qui construit des maisons dans la région de Québec. Les conditions de ce nouveau métier sont difficiles. D'ailleurs, la peau de mes mains n'est pas encore assez endurcie pour ce travail à l'extérieur. Elle ne résiste pas au froid de l'hiver. Lorsque ma journée est terminée, je n'arrive plus à plier les doigts.

Mes mains, de jour en jour, sont toutes crevassées. Le sang coule par les jointures. Au moment de partir sur le chantier, chaque matin, il me faut décoller ces doigts qui ont figé dans le sang au cours de la nuit.

Et c'est ainsi chaque soir, chaque matin.

Comment je fais pour endurer ça? Je ne le sais pas. Peut-être que mon cœur n'est pas celui d'un homme normal? Peut-être que la nature s'est trompée et qu'elle m'a donné un cœur de cheval?

Ça expliquerait tout, mais je n'en serais pas moins un cheval qui pense, qui souffre, spécialement quand un contremaître abuse de lui.

Car il y a ça, en plus, à supporter au cours de l'hiver. Une autre personne que mon visage indispose et qui me croit, par conséquent, responsable de toutes les maladresses qui se font durant la construction d'une maison. Il pense aussi que je suis la personne la mieux qualifiée pour effectuer les travaux dans les endroits les plus sales...

J'ai cessé de compter tous les madriers, tous les « deux par quatre » qui m'ont été jetés sur le dos. Et ce n'est pas au sens figuré... même un cheval en aurait pris le mors aux dents! Mais, moi, je ne peux pas me le permettre. Il me faut rapporter de l'argent à la maison pour ma femme et mon fils. J'ai des obligations, des factures d'hôpitaux à payer, d'autres à venir. Moi, je ne peux pas me défendre : j'ai besoin d'argent pour subsister et mon manque d'instruction ne me permet pas de choisir un métier plus convenable, plus sûr.

Je ne touche même pas le même salaire, chaque semaine. Parfois je travaille cinq jours, parfois moins. Le contremaître me prévient toujours à six heures du matin.

— J'ai pas besoin de toi, aujourd'hui, Boudreault! me dit-il, avant de raccrocher aussitôt.

Dans ce cas, il me faut attendre qu'il me rappelle. Et tous savent combien l'hiver est long au Québec...

— Tu as mal fait ça, recommence le contremaître, une journée où le froid se mêle à l'épuisement et où les réactions sont très subites...

— Je regrette mais ce n'est pas moi, je travaillais plus loin.

Comme il a décidé que c'était moi le responsable, je n'ai pas le goût d'argumenter bien longtemps. Même si je lui prouvais avec des témoins que je ne suis pas responsable de l'erreur, de la mauvaise mesure, je n'obtiendrais pas gain de cause contre lui.

Sans l'ombre d'une hésitation, je lui demande de signer mon « bleu ». Mon hospitalisation du printemps s'en vient; je pourrai prendre un peu de repos avant.

Je ne voudrais surtout pas que les gens me prennent pour ce que je ne suis pas, c'est-à-dire un saint! J'endure beaucoup, j'endurcis ma carapace mais, en dedans, c'est un volcan en éruption. Et si ça se met un jour à cracher, ça ne se comprimera pas. Ce sera du feu!

L'hiver suivant, toutefois, je n'ai pas d'ennuis avec mon nouvel employeur. Je suis vraiment traité comme les autres menuisiers et ai droit à toutes mes heures de travail. Il n'y a plus de téléphone, le matin, pour m'annoncer que je ne travaille pas. C'est beaucoup plus encourageant.

Le 12 juin 1969, Stéphane vient au monde. Comme son frère à sa naissance, notre deuxième fils est un bébé magnifique. Le médecin recommande plusieurs semaines de repos à Suzanne pour qu'elle se remette de sa grossesse. Pendant cinq semaines, Stéphane restera dans une pouponnière tandis que Marco ira chez une de ses tantes. Ce ne sera toutefois pas suffisant. Il faudra encore deux autres semaines avant que Suzanne se sente capable de s'occuper seule des enfants.

Comme j'ai recommencé à travailler à Chicoutimi, il m'est difficile d'aider ma femme comme je le voudrais.

Mais, à ma façon, je la soulage pendant quelque temps. J'ai obtenu la permission d'engager un mousse à bord du remorqueur. Bien sûr, c'est mon fils que je choisis. Ainsi, tout l'été, je promène Marco sur le lac. C'est un enfant si tranquille que je ne prends aucun risque en le gardant avec moi. Je l'assieds dans un coin et il a tant à faire, juste à regarder autour de lui, qu'il ne dérange en rien la manœuvre du bateau et le travail des hommes.

La présence de mon petit gars me rend fier et heureux. J'aime surprendre l'émerveillement sur son visage. Admirer la douceur de ses traits. Cette peau rose et soyeuse que je ne retrouverai plus jamais...

* * *

À la fin de l'été, je demande une augmentation de salaire à la compagnie. On me la refuse d'une manière fort peu courtoise.

— Des capitaines, on peut en avoir sur des catalogues, tant il y en a! Et eux ne niaiseraient pas pour une question d'argent.

— O.K. Je comprends. Ouvrez-le, votre catalogue, et cherchez-vous un autre capitaine. Je peux prédire qu'il finira sur le bien-être avec les salaires que vous allez lui payer!

Sur ces bonnes paroles, je tourne les talons et me mets en quête d'un nouvel emploi que je déniche à Sept-Îles: commis aux pièces pour l'Hydro-Québec. Ce n'est pas un domaine que je connais très bien. Mais je n'ai pas l'intention de devenir un assisté de l'État. J'apprendrai ce qu'il faut faire. Je ferai le travail pour lequel on me rémunérera, du mieux que je pourrai. Comme ça, l'employeur sera satisfait de mes services.

« Pas capable », ça n'existe pas. Tout ce qu'il faut, c'est de la volonté, et moi, j'en ai.

En ce qui concerne mon travail dans le magasin, je dois apprendre à connaître les différentes pièces et mémoriser leurs noms. Pour ce dernier point, mon problème est de décider dans quelle langue car, le plus souvent, la pièce m'est demandée dans une sorte d'anglais bâtard que je ne retrouve même pas dans le catalogue. Je fais donc venir un catalogue français dans lequel le nom des pièces est donné en trois langues, soit en anglais, en français et en japonais. Ainsi, tout va bien.

Après six mois, je commence à sentir des fourmis dans les jambes. J'ai envie d'un peu d'action. Le travail dans les livres, ce n'est pas ma marotte...

Un bon vendredi soir, j'entends dire qu'on est à la recherche d'un opérateur de grue. Une machine de plus de quatre-vingt-cinq mille livres. Ça, c'est intéressant! Ce serait un peu plus dynamique que ce que je fais derrière mon comptoir.

Comme les employés du centre de main-d'œuvre sont en grève, l'offre de service que je fais à la compagnie est tout de suite prise en considération : je suis le seul homme en lice.

— Tu viendras faire une démonstration de ce que tu sais faire, lundi matin, me dit le surintendant.
— C'est bien correct.

Je dispose de quelques heures avant ma démonstration. Il me faut les utiliser à bon escient. Étant donné que je n'ai jamais conduit ce genre de machine, je ferais mieux de m'exercer un peu...

J'emprunte discrètement la clef de la grue au gardien et mets le moteur en marche. Le gardien, à voir virer ça en tempête, doit deviner mon inexpérience, mais il n'inter-

151

vient pas. Il me laisse poursuivre mon exercice jusqu'à minuit.

Le lundi matin, je suis d'attaque.

— Poussez vos têtes! Je passe devant et donnez-moi de l'ouvrage!

Les hommes sont à bout de souffle avant la fin de la journée. Moi, je suis bien calme, derrière les commandes de l'engin. Assis confortablement, je n'ai qu'un bouton à presser et la pelle descend chercher sa charge. Ce n'est pas bien fatigant.

Au printemps, la compagnie forestière de Chicoutimi m'annonce qu'elle est prête à accepter mes conditions de l'année précédente. L'augmentation de salaire et les jours fériés payés. Tout ce que je demandais, on l'accepte. Ce n'est pas si mal.

Je cède ainsi les commandes de ma machine de terre à un autre pour reprendre les gouvernes d'une machine d'eau. Avec soulagement.

*　*　*

À chaque printemps, mes opérations se poursuivent, mais depuis 1968, malade ou pas, je les subis comme externe. Je ne suis plus capable de supporter une hospitalisation.

Je perds une livre par jour quand je reste à l'hôpital. Il y a de quoi devenir cure-dent!

Mais il y a plus important que le facteur « poids » dans ma décision. J'ai vraiment l'impression d'avoir développé une allergie face à l'idée de demeurer cloîtré dans ces chambres régulièrement blanches et stériles. Ça ne me réussit plus. Et comme j'ai pris l'habitude d'être à l'écoute de mon corps, je me sens tout à fait en mesure de me soigner seul.

Le chirurgien fait son travail le jour de l'opération, puis moi, à la maison, j'assure ma guérison. C'est beaucoup mieux ainsi.

Marco, qui a vécu ses premières années avec un père à l'hôpital, un père qui revenait dans un état toujours différent, est capable d'accepter ma présence après mes opérations. Il me soigne même à sa manière. Dans le cas de Stéphane, c'est différent. Il est plus jeune et surtout plus émotif. Quand il me voit avec mes pansements, avec tous mes médicaments, les soins qu'il faut me donner, il s'énerve et devient insupportable. Il tente d'arracher mes pansements. Il n'accepte pas. Il ne comprend pas ce qui se passe.

Alors, il nous faut le faire garder, le temps que je me rétablisse. La fragilité de Stéphane est touchante. On doit le protéger. Quand il sera capable de comprendre, il se comportera comme son aîné. Ce n'est qu'une question d'âge et de contexte.

Avant chaque opération, je prépare minutieusement, dans le salon, tout ce dont j'aurai besoin en revenant pour ne pas avoir à déranger personne. Même le pharmacien est habitué à ma façon d'agir. Dès qu'il reçoit un appel de Suzanne, il vient chercher la prescription remise par le docteur Gagnon et, en moins d'un quart d'heure, me rapporte les calmants.

L'intervention prévue par le médecin m'est toujours expliquée quelques semaines plus tôt. Ma curiosité continue dans ce sens et elle m'est même devenue indispensable depuis que je ne suis plus hospitalisé. Le jour de l'intervention est aussi fixé longtemps à l'avance. Depuis ces dernières années, ma préparation psychologique est plus exigeante. Dès que je sais quel type d'opération est prévu, quel jour ce sera, je commence à y penser et à m'y préparer.

Et comme je ne recule jamais, l'opération a lieu sans problème.

La seule ombre au tableau, la seule inquiétude qui persiste et qui va en augmentant à chaque opération, c'est l'anesthésie.

À l'Hôtel-Dieu de Chicoutimi, c'était déjà un problème. Ou je vomissais, de retour dans ma chambre après un traitement, ou je me réveillais en pleine opération et on devait m'assommer pour me faire perdre connaissance rapidement. La petite bosse que je découvrais sur mon crâne dans la salle de réveil, en témoignait.

À l'époque, je n'avais besoin que d'une faible dose d'éther ou de je ne sais quoi, exception faite de la fois où, après une heure d'efforts, l'anesthésiste n'ayant pas réussi à m'endormir, le docteur Bergeron décida alors d'employer les grands moyens : il prit une seringue de cinq pouces et me l'enfonça dans l'aine avec précaution pour éviter de piquer un nerf et risquer de me paralyser. C'est une anesthésie qui coupe le souffle en moins de temps qu'il n'en faut pour compter jusqu'à trois.

Mais encore là, ce n'était pas inquiétant parce que je me réveillais facilement. Maintenant, c'est différent. Je ne me sens pas tellement en sécurité quand on m'endort. Chaque fois, je reviens de plus en plus loin. On doit me réveiller ; je ne me réveille plus tout seul. Pour me faire perdre conscience, on doit me donner une dose toujours plus forte. Et si je ne me réveillais plus ?

D'où la nécessité, pour moi, de concentrer sur ce point toute mon énergie cérébrale, avant l'opération. Je dois continuer à résister. Rassembler mes forces pour tenir le coup. La vie commence à m'être plus clémente ; mon apparence physique s'améliore et, à force d'exercices, ma jambe droite est redevenue comme avant. Ce n'est pas le moment de lâcher.

Dans le taxi qui me conduit à l'hôpital, le matin d'une intervention, je suis seul. Personne ne m'accompagne. Je ne veux pas. « Tu vas voir, me dirait-on, ça va bien aller... » ou bien « prends sur toi, ça sera fini avant longtemps... » Non ! je n'ai pas besoin de ce genre d'encouragement, comme je n'ai jamais eu besoin de cette pitié qu'on distribue à toutes les portes : « Mon pôvre petit Yvan... C'est assez de valeur... »

Oh ! non, je n'en veux pas de ces jérémiades !

Après l'opération, Suzanne ou Rosanne vient me chercher. Dès que je suis capable de me lever, je m'éloigne de l'hôpital avec mon ange gardien. Une seule fois, ce trajet me paraîtra trop court tant mon esprit sera tiraillé. C'est à la suite de la greffe de mes paupières, alors que je me retrouve, pour la seconde fois, dans l'obscurité la plus totale.

Dix ans plus tôt, le médecin m'avait garanti que cette opération ne serait pas reprise... Aussi, ai-je l'impression de tourner en rond. Je soutiens ma tête, alourdie par ses pansements. Il me semble que mes forces m'abandonnent. Je ne sais plus où j'en suis. Combien de temps encore ça va tourner ?

En passant le seuil de la maison, sachant que Virginie doit être dans la cuisine avec Suzanne et Marco, et qu'elle doit s'en faire pour moi, je lui lance :

— Il fait noir en maudit, Virginie.

Ma tête oscille et je dois m'appuyer quelques instants contre le mur à ma droite ; mes jambes sont encore très molles. Puis je me dirige vers le salon, sans trébucher.

Comme pour ma première opération, j'ai mémorisé tous les pas à faire. J'ai même syntonisé une station de radio qui diffuse jour et nuit. Ainsi je pourrai suivre l'heure et la vie quotidienne des autres avec exactitude.

155

Tout en faisant glisser la porte coulissante du salon, je lance à Suzanne :

— O.K., maintenant, je préfère rester tout seul.

Elle ne s'objecte pas. Elle comprend. À la maison, ma volonté ne rencontre pas d'obstacles : je peux faire exactement ce que je veux. Pour ma guérison, c'est un facteur important.

Réfugié dans le salon, surtout quand toute la famille est couchée, ce qu'il peut en venir des idées dans une tête... Ce que les images peuvent sauter quand on ne voit plus rien...

Cette seconde cécité me rapproche davantage de ceux qui se retrouvent privés de la vue, du jour au lendemain. Même si l'annonceur à la radio me confie que la nuit s'achève, que le soleil va bientôt se lever, je ne les vois pas. Mon imagination peut reconstruire l'horizon d'un soleil levant, mais mes couleurs n'ont pas l'acuité et la précision de la vraie nature que pouvaient percevoir mes yeux.

Quand on voit, on peut se tromper à cause des illusions d'optique. Mais quand l'imagination seule recrée la nature, elle risque aussi de se tromper, faute de limites. L'imagination n'a pas de bornes ; elle ne peut circonscrire exactement la réalité. Ainsi, les yeux bandés, je me sens en porte-à-faux. Il manque quelque chose à mon équilibre. Je dois dépendre des autres. Pour un esprit indépendant comme le mien, c'est dur à accepter, mais j'en ai tellement besoin que je dois y consentir malgré moi. Je suis, de nouveau, en train d'attendre après les autres. Je ne peux faire autrement.

C'est Virginie, le lève-tôt de la maison. Dès six heures, elle est debout et a pris l'habitude de venir me dire son premier bonjour de la journée. Je m'empresse de lui adresser la parole :

— J'aurais bien le goût de prendre un café.

Après l'épuisant monologue de la nuit, ça fait du bien d'avoir enfin quelqu'un à qui parler.

— Ce ne sera pas long, Yvan. Je m'en occupe.

Ma belle-mère se rend à la cuisine où elle me prépare un excellent petit déjeuner. Puis, à sept heures, c'est au tour de Marco de se lever et de se préparer pour l'école.

— Dors-tu, papa? vient-il doucement me murmurer à l'oreille. Il ne te reste plus que dix jours...

Chaque matin, il revient avec la même phrase, mais un chiffre en moins. «... Plus que huit... plus que trois...»

Marco tient le livre de bord. Pour ses dix ans, ça augure bien. Il fera un bon capitaine.

Le reste de la journée, c'est dans les attentions de Suzanne que je trouve du réconfort. Vraiment, à l'hôpital, on ne pourrait m'en offrir autant.

Lorsque le docteur Gagnon dégage mes yeux, l'intensité lumineuse m'éblouit. La délivrance est grande. Je me sens léger; je vois le pied que je bouge, l'endroit où je le pose. Tout est fantastique.

Les aveugles sont des êtres exceptionnels et admirables. Jamais je n'aurais été capable de parvenir à leur équilibre. Moi, il me faut des yeux... j'ai besoin de cet instrument de perception pour être bien. Mais quand on revient de ce lieu sans lumière où vivent les aveugles, on sait estimer le privilège dont on jouit par rapport à eux.

Quand on voit, on est très gâté.

C'est cette pensée qui me trotte dans la tête tout l'été, sur le lac, à bord de mon remorqueur. Les montagnes, le

157

ciel, l'eau, toute cette nature dispensée à profusion, mais si mal connue. C'est déroutant de réaliser que la majorité des gens vit loin de la vraie nature. Qu'on ne sait même pas la reconnaître.

On fait des voyages pour admirer les pays étrangers, alors qu'on ignore ce qui se trouve à l'intérieur de ses propres frontières. On habite un luxueux appartement de ville, avec une profusion de plantes d'intérieur pour recréer une atmosphère naturelle ou exotique. Mais on omet l'essentiel: le silence, celui qui fait la vie de la nature.

Un vent nouveau et frais devrait parcourir le monde, balayer ses tourments et ses artifices...

J'avais suggéré à une amie d'enfance, sur l'Île-aux-Coudres, alors que je n'avais qu'une douzaine d'années, d'aller emprunter la corde à virer le vent.

— Ta mère n'aura pas un beau vent pour faire sécher son linge. Ça lui prendrait la corde à virer le vent! Mon oncle en a une. Va-la-lui demander.

Ma jeune compagne, se fiant à mon air sérieux, se rendit à la maison de mon oncle Théodore.

— Capitaine, dit la fillette, Yvan m'envoie chercher la corde à virer le vent.
— Quoi? fit mon oncle, surpris. Tu me dis que c'est Yvan qui t'envoie... Va chez ton père. C'est lui qui l'a; il est venu la chercher, hier.

Mon oncle, qui connaissait mon humour, avait accepté de jouer le jeu sans qu'on se soit entendu là-dessus. Suivant la scène à distance, je m'en réjouissais.

Quand mon amie demanda à son père l'endroit où se trouvait la corde à virer le vent, elle obtint une réaction inattendue.

— Maudite simple! lui cria-t-il. Une corde à virer le vent... ça n'existe pas! Qui est-ce qui te met des idées de même en tête?

Elle ne me trahit pas, mais elle devint méfiante, ne croyant plus toujours aussi facilement ce que je lui disais.

N'empêche que si cette corde existait...

Chapitre 8

Octobre tire à sa fin. Il me reste à livrer la charge de bois qui suit mon remorqueur et la semaine sera terminée. Le temps est vilain; un brouillard de neige réduit la visibilité.

La saison de navigation achève, elle aussi, pour cette année 75. Cet hiver, ce sera de nouveau la vie sur terre, le travail dans la construction. Ça commence à me peser. Jamais le même employeur, jamais de sécurité salariale. Même ici, à Chicoutimi, la compagnie me remercie au mois de novembre et je n'apprends qu'au printemps si je suis toujours le capitaine du remorqueur. On ne me garantit rien.

Vers sept heures et demie du soir, le surintendant communique avec moi par radio-téléphone.

— Comment ça va? s'informe-t-il.
— Ça va bien. On est en montant. La neige nous a surpris, mais le radar fonctionne et on va rentrer sans problème avec le bôme.
— Boudreault, j'ai une mauvaise nouvelle à t'apprendre.

Le ton grave du surintendant ne lui est pas coutumier. Je suis immédiatement sur mes gardes.

— Qu'est-ce qu'il y a?

La réponse me parvient aussitôt.

— Un de tes frères est disparu.

Je vire le bateau de bord en bord. Je le mets au neutre et reste debout, face à la roue, sans parler.

Un de mes hommes, visiblement inquiet de cette manœuvre subite, me rejoint dans la timonerie pour m'en demander la raison. Je ne suis pas capable d'articuler un mot. Je n'ai plus de voix.

Un de mes frères disparu, a dit le surintendant. C'est Fernand. J'en suis certain. Je le sens en moi. C'est le seul de mes frères auquel je tenais. C'est le seul que je ne voulais pas perdre. C'était un ami, un père...

Le gars qui ne comprend pas ma réaction m'assène une violente tape dans le dos pour me sortir de mon hébétude.

— Lequel est-ce? demandé-je sans grande curiosité.
— Ta femme m'a dit que c'est Fernand.
— Je le savais...

Je le savais. Le destin continue à me harceler. Il m'enlève l'être le plus proche de moi. Il m'accule une fois de plus au pied du mur, à la solitude, au déchirement.

Je ne comprends pas. Pourquoi Fernand est-il mort? Pourquoi lui et pas moi? Ce n'est pas correct. Mon frère avait une femme et cinq enfants. Il était beau, généreux et jeune!

Pourquoi lui?

Tout ce qui m'entoure se déforme. Je ne voix plus personne. Je n'entends plus rien. Rien que l'écho de la mort qui heurte mes tympans. Il me faut aller à l'Île-aux-Coudres. Il me faut vérifier, Fernand ne peut pas être mort déjà...

— Je vais aller prendre l'autre quai, dis-je au surintendant. Je ne peux pas me rendre plus loin. Qu'un autre vienne finir le voyage. Moi, il faut que je monte à Québec au plus sacrant.

— Rends-toi. Je vais organiser les affaires pour que ton auto soit amenée sur le quai. Ne fais pas le fou, Boudreault, monte tranquillement. La route va être glissante à cause de la neige.

— Ne vous inquiétez pas. Moi, je ne suis pas tuable. La mort ne veut pas de moi.

J'accoste sans aucune délicatesse, puis saute dans mon auto. Je démarre comme un «jet». Un DC-9 sur une chaussée recouverte de trois pouces de neige fondante. J'entrevois celui qui monte me remplacer et, un peu plus loin, un orignal que je contourne, je ne sais trop comment. L'accélérateur est collé au plancher durant tout le parcours, jusqu'à la première barrière du parc des Laurentides.

Le gardien qui me connaît bien (depuis le temps que je passe par là!) me demande combien de minutes il lui faut indiquer sur le billet pour la traversée du parc. Généralement, d'une barrière à l'autre, ça prend quatre-vingt-dix minutes.

— Vingt minutes de moins, est-ce que ce sera assez?
— Je n'en ai pas assez. D'une barrière à l'autre, ça va me prendre trente minutes.
— Es-tu fou?
— Je monte à Québec pour cause de mortalité. Je n'ai pas de temps à perdre. Quarante-cinq minutes, c'est assez pour traverser le parc.

— Comme tu voudras. Je t'inscris une heure d'avance. Lorsque tu te présenteras à la barrière, le temps indiqué sera bon.

Le gardien n'aurait pu mieux dire. Je me présente à l'autre gardien avant le délai : 110-115 milles à l'heure, sauf dans les détours où je réduis ma vitesse à 105. Je ne sais pas ce qui me pousse à aller aussi vite. La rage, peut-être ? Je ne suis vraiment pas d'accord avec la mort ! Elle n'avait pas le droit de prendre Fernand avant moi !

Quand j'arrive à Québec, Suzanne me reçoit et semble aussi désespérée que moi. Elle me donne les rares informations qu'elle possède au sujet de mon frère. Fernand serait mort au cours de la nuit précédente, asphyxié dans sa voiture qui était rangée le long de la chaussée dans la côte de Baie-Saint-Paul.

J'avale deux grands verres de rhum sec.

— Je repars pour l'Île, tout de suite !

Suzanne s'objecte avec vigueur.

— Un instant ! Tu vas d'abord te calmer !
— Je ne suis pas énervé !

Mes paroles ont de l'éclat, mais Suzanne a raison. Ça ne me donnerait rien de partir, cette nuit, pour l'Île-aux-Coudres. Je ne ramènerais pas Fernand à la vie. Il est trop tard !

La révolte qui gronde en moi est plus amère qu'au moment de mon accident, il y a treize ans. Mon sort, je n'avais qu'à l'accepter avec humilité, mais ce qui est arrivé à Fernand, je ne peux l'accepter.

Où est la justice dans tout ça ? Qui détient ce droit de vie et de mort ?

Je n'ai pas pleuré sur moi au cours de toutes ces années, mais, là, il me semble que jaillissent toutes les larmes qui ont été retenues. Pour mon frère, je pleure sans pouvoir me maîtriser.

Tôt le samedi matin, je me rends à l'Île avec Suzanne. Marco et Stéphane ne nous accompagnent pas. Il y aura assez d'orphelins au salon funéraire.

Dès mon arrivée à l'Île-aux-Coudres, la femme de Fernand me demande de me rendre à la morgue de Baie-Saint-Paul. Les papiers n'ont pas encore été signés, les effets personnels n'ont pas été ramassés.

J'aurais souhaité ne pas être chargé de cette responsabilité. Pas pour le corps de mon frère... Mais je ne peux refuser. Il faut bien que quelqu'un le fasse.

— Quel cercueil choisissez-vous? me demande-t-on à mon entrée à la morgue.
— Quoi? Il faut, en plus, que je choisisse une tombe pour Fernand?
— On ne peut pas le faire pour la famille. On ne sait pas quel prix vous voulez payer.
— Tabarnacle!

Je suis désespéré. Le monde est fou. Il est «capoté»! En un moment aussi pénible, on me demande de choisir un cercueil modeste ou luxueux pour mon frère que j'aimais... C'est inhumain.

— Où est mon frère? Je veux le voir.

La question paraît surprendre.

— On n'a pas le droit, proteste l'employé.
— Je vais vous payer une tombe! Mais, avant, je veux voir mon frère!

Le ton de ma voix monte de plus en plus. Mes mots tombent comme des coups de hache.

— On va vous le montrer, finit par dire l'autre en me faisant signe de le suivre dans la cave, près de la chambre des chaudières.

Fernand s'y trouve, sur une civière, entièrement recouvert d'un drap blanc. Sa dépouille est là, par terre, à mes pieds. Je soulève le drap et regarde quelques instants le visage embaumé.

— C'est bien correct, dis-je, la gorge serrée.

Je signe les papiers en vitesse, choisis le cercueil, puis sors de cet endroit étouffant. L'odeur de la mort ne me réussit pas.

Dans la voiture, en m'en retournant à l'Île, je n'ai pas vraiment conscience de la route. Le visage de mon frère remplit mon champ de vision. Lorsque je monte à bord du traversier, la douleur est encore plus vive.

C'était son bateau. Fernand en était l'ingénieur en chef; il venait s'asseoir avec moi pour causer, le temps de la traversée. Il ne pourra plus me parler...

Un cousin vient m'offrir un café. Je n'ai pas le temps de le boire. Quand je prends la tasse, elle éclate sous la pression de mes doigts. Je m'excuse. Je suis bouleversé.

— Je descends dans l'auto. Je veux être tout seul.

Je m'installe au volant et mets le moteur en marche. Un pied enfonce l'accélérateur, l'autre, la pédale de frein. Je tourne le volant d'un côté, puis de l'autre.

J'ai mal! Je n'accepte pas!

Pourquoi ne suis-je pas déjà mort?

Durant les heures que je passe au salon où le corps de Fernand est exposé, mon mal ne se dissipe pas. Je le regarde dans son cercueil. Il a l'air crispé.

Mon frère ne semble pas reposer en paix. La mort est venue le ravir prématurément. Il n'était pas prêt; il avait encore beaucoup à faire. Sa famille le préoccupait. Sa mère, ma mère, l'inquiétait. Fernand souhaitait tellement qu'elle ait une vie plus facile, que la mortalité ralentisse un peu son cours et lui permette de souffler, car ma mère, veuve, continuait en plus à voir ses enfants se noyer. Et maintenant, c'était son voisin qu'elle perdait. Le seul de ses fils qui s'était construit une maison à côté de la sienne pour veiller encore davantage sur elle.

Mais pourquoi n'est-ce pas moi qui suis dans ce cercueil?

J'aurais soulagé tellement de gens en mourant. «Délivrez-nous du mal», priaient plusieurs en espérant que le mal serait coupé à sa source, que la vie me serait retirée... Combien doivent avoir supplié Dieu? Et le supplient encore?

Comment comprendre ce destin qui agit sur nous sans nous fournir d'explications... qui nous laisse sans comprendre? Pourquoi moi qui ai tant de fermeté et de détermination dans mes actes, pourquoi ne suis-je pas monté sur le pont de Québec et ne me suis-je pas jeté en bas? Pourquoi ai-je tant enduré, physiquement et moralement, sans être attiré par la mort, par la fin de ma course?

Mon imagination me fait défaut. Mes yeux ne voient que le mystère de cette mort intransigeante et sournoise, tandis que mon cœur doit souffrir l'irrévocable volonté d'un Être qui lui est supérieur. Je dois me soumettre aux affres de l'existence et croire aux desseins du Créateur.

Consentir au mystère.

En fait, je suis peut-être comme Stéphane : un enfant qui ne peut pas comprendre et que le Père protège encore.

Moi qui me sens si vieux...

Avant qu'on ne referme le couvercle du cercueil, le mercredi matin, ma mère me demande de demeurer auprès d'elle, seuls, dans le salon. Elle ne s'y est pas encore rendue et ne veut pas s'y trouver en présence des autres membres de la famille.

— Ne laissez entrer personne ! ordonne-t-elle au portier, lorsque nous franchissons le portique.

Appuyée à mon bras, ma mère s'avance près du cercueil. Elle se met alors à appeler mon frère comme s'il était vivant, à lui crier sa détresse. Elle lui confie toutes ses peines pendant plus de deux heures. Cette femme que je n'ai pas eu le privilège de bien connaître pleure comme une Madeleine et me fait partager sa souffrance en présence de Fernand et de Dieu. Ça me bouleverse.

Pour elle, je suis demeuré un fils. Je ne le sais que trop bien, moi qui ai vécu jusqu'à maintenant en écartant cette réalité. Aujourd'hui, je soutiens ma mère avec émotion : un même deuil nous unit dans le silence du salon.

Après l'enterrement, je reconduis Suzanne à Québec, puis je rentre à Chicoutimi reprendre mon travail. Le vendredi après-midi, je reviens à Québec. Je ne suis pas capable de rester au camp ; ma peine est trop grande. J'ai continuellement l'impression que Fernand me suit, qu'il est avec moi à bord du bateau, qu'il va se présenter pour manger à côté de moi. On me parle et, souvent, je n'entends pas. Je ne suis pas là.

Je suis comme une ombre.

Parce que je ne peux tenir en place, je choisis de faire de la route. Écrasé dans ma grande *Parisienne*, les yeux

168

mouillés tout le long du trajet, je roule à 105, 110, 115 milles à l'heure. Glissante ou non, la chaussée ne m'effraie pas. Rien ne m'effraie. Surtout pas la mort.

Je parle avec Fernand. De là-haut me viennent ses réponses. Je veux savoir, je veux comprendre. Je veux aussi qu'il sache tout ce que j'éprouvais pour lui, tout ce qu'il m'a apporté. Il me semble que je n'ai pas eu le temps de lui exprimer ma reconnaissance. J'ai des dettes envers mon frère.

Je n'ai pas eu le temps...

Et du temps, il m'en faudra pour que je retrouve mon calme, pour que je me fasse à l'absence prolongée de Fernand. C'est comme si la fosse avait été creusée en moi et que j'y avais inhumé le souvenir de mon frère à l'insu des autres pour qui le cours de l'existence reprend normalement. Mais, pour moi, il n'en va pas de même. J'exécute mon travail, habité par la mort, pendant de longues semaines.

Je ne suis plus capable de supporter mon travail pour la compagnie forestière, spécialement depuis l'arrivée d'un nouveau surintendant. Il ne m'est pas sympathique. Ça ne va vraiment plus... J'ai besoin d'un changement.

J'en discute avec Suzanne.

— Après toutes ces années de service, je suis encore comme un gars qui commence, pour eux. Ce n'est pas bien stimulant. Je vais faire des démarches pour trouver quelque chose d'autre ailleurs.
— Tu as probablement raison, Yvan, mais le problème, c'est de trouver.
— Je trouverai bien, ne t'inquiète pas!

Suzanne me connaît assez pour savoir que je remuerai mers et mondes pour trouver et que je trouverai.

J'entreprends des démarches à Québec, puis à Baie-Comeau. J'offre mes services comme capitaine avec onze ans d'expérience. À la Compagnie forestière de Baie-Comeau, je reçois un accueil cordial. On m'invite à dîner, on m'écoute attentivement. J'apprends ainsi que le capitaine qui est actuellement en fonction a soixante-quatre ans et qu'il prendra sa retraite l'année suivante.

Mes quarante ans, mon expérience sont pris en considération. On promet de communiquer avec moi ultérieurement. Ce qu'on peut m'offrir, c'est huit mois de travail pour la première année, puis une garantie de travail annuel — hiver et été — jusqu'à ma retraite. C'est exactement ce que je cherchais depuis longtemps et voilà qu'on me l'offre dans un décor féérique... C'est extra-ordinaire.

Je pourrai être capitaine à la base marine sur la rivière Manicouagan, entre les barrages de Manic 2 et Manic 3? L'idée me rend fou de joie. Comme le travail est le même qu'à Chicoutimi, je n'en serai que plus à l'aise pour le faire.

Je rentre à Chicoutimi avec des centaines de brasses de patience. Je poursuis mon travail aussi honnêtement qu'avant, mais en ne misant plus sur une compagnie qui ne comblait jamais mes attentes. Je n'ai plus à quémander ma subsistance. J'aurai, avant longtemps, une situation plus revalorisante.

Au mois de mai 1978, la compagnie de Baie-Comeau me prie de monter aussitôt que possible, mon engagement comme capitaine étant confirmé. Je promets de me rendre à la Manic dès le mercredi suivant. D'ici là, j'ai à liquider quelques petites choses... comme donner ma démission à mon employeur.

— Pourquoi démissionnes-tu? me demande le surintendant, à Chicoutimi.
— Tu dois bien t'en douter. Depuis le temps que je demande de travailler toute l'année, avec un salaire décent...

— Si c'est juste une question de salaire, je vais t'augmenter...

Ce coup-là, je m'y attendais. Aussi, je prends un malin plaisir à refuser la manne qu'on m'offre, juste au moment où j'annonce mon départ.

— C'est déjà trop tard. Je suis engagé ailleurs.
— On va te donner un contrat à vie.
— Non merci. J'ai trop attendu, maintenant je n'attends plus rien de vous autres. Salut bien!

La perspective du nouvel avenir qui s'ouvre devant moi est trop douce pour que je ne la saisisse pas. Je m'en réjouis, mais je ne m'emballe pas plus qu'il ne le faut. Des problèmes, j'en aurai encore, mais je perçois enfin la charpente que j'ai élaborée depuis ces dernières années. Mon bonheur s'en vient.

* * *

Durant l'arrêt de travail au cours des vacances de la construction, à la fin de juillet, je reste seul au camp comme gardien de la base marine. Je suis autorisé à y passer la quinzaine en compagnie de ma famille. C'est l'occasion d'heures exceptionnelles. Aucun lieu de vacances ne serait mieux indiqué pour ma femme et mes enfants.

Suzanne se fait bronzer sur la grève et passe de longues heures, les pieds dans l'eau claire de la Manicouagan. Les garçons courent d'un bord et de l'autre. Stéphane lance des billots à l'eau, grimpe dessus, comme sur un bateau. Marco erre près du musée forestier et prête main-forte aux jeunes filles qui y travaillent, à quelques centaines de pas du camp.

Le soir, quand le musée est fermé et que mon travail de gardien est terminé, je viens m'asseoir près de Suzanne sur un banc fait dans un tronc d'arbre. La vue qu'on a des montagnes, des contours de la rivière, est unique.

Ce qu'on peut être bien, simplement à regarder le temps passer...

Dans ces moments-là, ma foi reprend sa vigueur. Je ne doute plus du destin. Je sais que Dieu, s'il choisit de refermer une porte, laisse toujours une fenêtre entrouverte pour que l'air nous arrive. Il ne nous abandonne jamais.

Et même si Dieu n'existait pas, il faudrait convenir d'un être exceptionnellement puissant qui aurait créé la nature. Moi, je ne suis pas né tout seul. J'ai eu un père et une mère comme tout homme, toute femme sur la terre. Comment la Nature pourrait-elle avoir éclos toute seule?

Et quand on a la chance d'être en vie, de profiter de cette vie, comment peut-on perdre autant de temps à pleurer sur son triste sort? La vie, c'est la plus grosse des fortunes de la terre. Si on meurt, qu'on soit riche ou pauvre, malade ou en santé, la vie s'éteint dans le corps. Cette existence est bien finie, mais avant d'en arriver là, chaque vingt-quatre heures de vie est un cadeau à développer et, chose certaine, il ne peut y avoir que des mauvaises surprises dans quarante, soixante ou quatre-vingts ans de vie. Pure question de probabilité.

Si on me disait, un jour: «Boudreault, tu vas vivre jusqu'à cinq cents ans», je l'accepterais sans l'ombre d'une hésitation. Même si je me sens très jeune et fort peu avancé encore dans mon bonheur. Comme on ne peut admirer une maison qu'une fois qu'elle est terminée; pendant qu'on la bâtit, on ne peut que l'entrevoir. Ainsi en est-il du bonheur de vivre. C'est étourdissant de penser jusqu'où il pourrait aller avec cinq cents années devant moi!

À bord du remorqueur, je pourrais dormir au cours de l'après-midi. Souvent, la route est calme, je pourrais me reposer. Mais non! j'ai trop à faire. Les montagnes à regarder, les goélands à faire manger, les mouches à attraper — c'est très intéressant de piquer une mouche et de l'observer à l'aide d'une longue-vue renversée afin de grossir l'insecte comme avec un microscope — et, pendant tout ce temps, mon cerveau à faire travailler. Il ne faut pas qu'il s'encrasse. Il doit mettre au point des projets, chercher à améliorer des situations, penser à quelques tours que je pourrais jouer aux hommes pour les désennuyer.

Non! À bien y penser, je n'ai plus assez de vingt-quatre heures dans une journée. Il m'en faudrait davantage.

Mon travail me force à demeurer loin de ma famille pendant plusieurs semaines. Quand je descends à Québec, il me faut prévoir cinq heures de route pour aller et autant pour revenir. Je m'en accommode parce que le plaisir et le besoin de travailler sur l'eau, dans la nature, l'emportent sur le reste. J'aimerais bien être à la maison avec ma femme et mes enfants, régulièrement chaque soir, mais je me vois mal arriver, flottant dans mon remorqueur avec un bôme derrière moi, dans les rues de Québec. On me prendrait pour un fou et on aurait raison.

Un capitaine de bateau ne vit pas sur l'asphalte. Si je refusais cette évidence, je deviendrais un père inattentif, un mari aigri. Je serais malheureux et je rendrais les autres comme moi. Ce n'est pas un détail secondaire, un aspect négligeable de ma personnalité. C'est beaucoup plus que ça. Pour être bien, j'ai besoin d'air et d'eau.

De l'air et de l'eau. Et quand je les ai bien accumulés en moi, je peux mouiller l'ancre, n'importe quand.

À l'automne, on hisse le remorqueur sur la terre en le stabilisant avec des lattes de bois. On le gare jusqu'à la prochaine saison de navigation. Ça me fait toujours quelque chose quand on arrête, mais, le printemps prochain, on le glissera à l'eau de nouveau et on remontera vers la tête du réservoir de la Manic, en amont des Deux Fourches, chercher les estacades pour les descendre, juste en haut du barrage de Manic 2. Sept mille cinq cents cordes de bois de pulpe, le contenu de trois roulettes, seront entraînées dans l'enceinte préparée à cette fin. Des bômes retiennent le bois pour qu'il n'aille pas glisser du côté du barrage et qu'il s'enlise plutôt dans la dalle qui va jusqu'à Baie-Comeau. C'est un travail que j'aime beaucoup.

Je passe tout l'hiver à la base marine comme gardien. Durant la journée, entre huit heures et cinq heures, des hommes viennent effectuer certains travaux. Ensuite, je reste seul.

L'immensité du décor me ravit. La rivière gelée, les montagnes blanchies. Tout s'accorde à m'apaiser. Le temps reste au beau fixe.

Les heures passent sans que je les vois. Chaque jour, je me promène en raquettes dans le bois pour faire la tournée de mes collets. Un peu de «trappage», c'est excellent comme passe-temps.

Cette année, mes deux fils viennent passer la première semaine de janvier avec moi, au camp. Ils en profitent pleinement. Munis d'un œil indiscret — soit une ciné-caméra —, ils filment tous les bons moments de leur séjour à la base marine. Les bousculades dans la neige, les promenades en motoneige et en raquettes. Ils s'amusent beaucoup. Stéphane est tellement drôle dans son habit d'hiver quand il marche avec des raquettes. Ses pas sont lourds... un vrai petit ours.

Comme les enfants ont exprimé le désir de m'accompagner pour la tournée des collets, je les entraîne à mon pas qui est un peu trop rapide pour des jeunes qui n'en ont pas l'habitude. Quelques minutes suffisent à les épuiser.

— On pourrait pas aller plus lentement? me suggè-
rent-ils. On crève.

J'éclate de rire, mais je consens à ralentir un peu ma
marche. Pas trop toutefois. Il fait moins 20°F, il ne
faudrait pas qu'ils attrapent froid...

Sous les branchailles de sapin, il y a un joli petit
animal pris au collet. Je fais mine de l'ignorer et j'envoie
Stéphane en observateur.

— Va voir le collet, par là.

Mon jeune fils se rend près de l'endroit indiqué, se
penche et me crie:

— Il n'y a pas de lièvre, papa.

Sa réponse me surprend.

— Mais oui! Qu'est-ce que tu as dans les mains si ce
n'est pas un lièvre?
— C'est un petit chat blanc qui s'est pris. Il fait pitié...

La scène est touchante. Suivi de Marco, je m'approche de mon enfant qui flatte le petit animal, des larmes
dans les yeux.

— C'est de valeur, papa, hein... il devait s'être
perdu...
— Voyons donc! Stéphane, riposte l'aîné. C'est un
lièvre.

Le flegme de Marco complète la scène. Ses paroles
sèchent les pleurs de Stéphane, mais ce dernier tient, à tout
prix, à ramener le lièvre dans ses bras comme s'il s'agissait
d'un bébé.

Une fois arrivé au camp, Stéphane veut évidemment
entrer le petit «minou» à l'intérieur. Je lui demande de le

laisser dehors pour qu'il ne dégèle pas. À voir le regard de mon enfant, je sais ce qu'il pense. Son père est impitoyable!

Au moment de dépouiller le lièvre, de grosses larmes coulent à nouveau des yeux de Stéphane. D'une voix toute douce, mon fils me demande de lui garder une patte.

— O.K. papa? Ce sera mon porte-bonheur.
— Pour ton bonheur? Il n'y a rien que je ne ferais pas, lui dis-je en lui donnant son porte-bonheur et en constatant que le lièvre est tout à fait dégelé...

Pour combler mes heures de solitude pendant l'hiver, je m'adonne avec plus de passion que jamais à la construction de petits bateaux. Durant ces dernières années, j'ai pris de l'expérience. J'en fais de toutes les grandeurs. Aucun n'est semblable. Je refuse de répéter le même modèle. Chacun doit être unique. Je vais parfois jusqu'à donner quinze couches de peinture, chacune soigneusement sablée, pour qu'il soit encore plus beau.

Je mets beaucoup d'âme dans ce que je fais. Ainsi, chacun de mes bateaux prend une valeur inestimable. Si j'en offre un, c'est le coût de centaines d'heures passées à le faire; ça ne peut pas s'acheter.

C'est comme pour la crème que j'ai inventée. Elle n'a pas de prix: elle est exceptionnelle pour ma peau brûlée qui nécessitait plusieurs applications quotidiennes de crème ou d'onguent pour s'assouplir. Car une peau comme la mienne, c'est sensible à tous les changements de température. Elle devient vite très sèche et très raide, comme du caoutchouc. Ce n'est pas agréable d'avoir ça dans le visage.

Depuis dix-huit ans, j'ai dû essayer toutes les crèmes qui existaient dans le commerce. Aucune n'était toutefois bien utile. C'était toujours à recommencer. Cinq dollars pour un tube, cinq dollars pour un autre tube. Ça n'arrêtait pas.

J'ai consulté un dermatologue qui m'a recommandé quatre types de crème. L'une m'a mis le visage en feu. Ce n'est pas tout à fait ce que je cherchais ! J'en ai discuté aussi avec le docteur Gagnon.

— Fais ce que tu veux. Choisis celle que tu veux dans une pharmacie. Il n'y en a pas une qui convienne parfaitement à la peau d'un brûlé.

Bon, me suis-je dit. Si ça n'existe pas, ça ne sert à rien d'en chercher, encore moins d'en acheter. Mieux vaut m'en inventer une.

Ça m'a pris trois ans pour mettre ma formule au point. J'ai tenté toutes sortes d'expériences avec toutes sortes d'ingrédients, de la graisse Crisco, de l'huile Mazola, de la vaseline, même de l'huile à moteur... J'ai aussi expérimenté le suif animal. Ça s'est avéré des plus décevants : lorsqu'il fondait, il laissait sur mon visage des saletés, comme des grains de sable, qui bouchaient les pores de ma peau et l'empêchaient de respirer. Mais j'ai persévéré.

Il me fallait une crème « miracle ». Mon visage couturé en avait besoin. Et sans parfum synthétique, car c'est terrible pour une peau.

J'ai donc continué à mesurer mes ingrédients et à les faire bouillir. Au printemps de 79, la crème était trouvée. Exactement celle que ma peau exigeait. J'étais très fier de ma découverte. Je m'en sers régulièrement depuis ce temps.

Ma crème est facile à faire et peu coûteuse. Elle se conserve à des températures normales pendant plusieurs mois. Une seule application quotidienne suffit. La crème hydrate immédiatement la peau et je me retrouve avec un visage doux comme celui d'un enfant. C'est merveilleux. Ce qui fait que je suis encore plus fier de ma crème, c'est que j'ai ainsi trouvé le moyen d'être bien dans ma peau.

Comme tout le monde. Depuis tant d'années que je le souhaitais !

Maintenant j'ai le droit de rêver à mon avenir. Bien allongé sur mon lit de capitaine, je me laisse emporter par mon imagination. Les yeux grands ouverts pour ne rien perdre de cette profonde obscurité qui règne dans ma cabine, une fois la porte refermée.

Par le hublot de la nuit, la marée se retire avec mon passé. Le silence calfeutre mes rêves. Je suis à l'aube de ma vie. Le sommeil s'empare de moi peu à peu.

Je viens de gagner vingt-cinq mille dollars à la loterie ! Je pourrai enfin me payer le voyage de mes rêves. Un séjour dans la brousse, sous un soleil de 110-115°F pour me cuire le dos... J'explorerai une région encore vierge, juste vêtu d'une culotte courte et armé d'un couteau de chasse que je pointerai pour égorger les serpents. Ce sera fantastique.

Je pourrais enfin manger de la misère. De la vraie ! Me prouver que je suis capable de faire comme les grands aventuriers, comme les célèbres explorateurs.. que je peux relever des défis... Après tout, on n'y laisse pas toujours sa peau.

Témoignage

Au cours des nombreuses hospitalisations nécessitées par des interventions chirurgicales répétées et prolongées lors du traitement des brûlures extensives dont avait été victime Yvan Boudreault, celui-ci a toujours montré un courage admirable et une détermination constante de récupérer et de reprendre une vie normale.

À certaines occasions, par sa force de caractère et son excellent moral, il redonnait au médecin lui-même le désir de poursuivre le traitement qui s'avérait souvent difficile, par suite de l'étendue et de la complexité des lésions à traiter.

Son attitude générale a permis, je crois, d'obtenir une meilleure récupération que celle qu'on aurait crue possible dans les circonstances.

Pierre-Paul Gagnon, m.d.

Il y a deux sortes de gens,
Il y a les vivants et moi je suis en mer.

Jacques Brel, *L'Ostendaise*

ACHEVÉ   D'IMPRIMER
EN   NOVEMBRE   1980
SUR LES PRESSES DE
PAYETTE & SIMMS INC.
À SAINT-LAMBERT, P.Q.